「田舎そば川原」恵美子さんの

整う常備菜

川原恵美子

KADOKAWA

はじめに

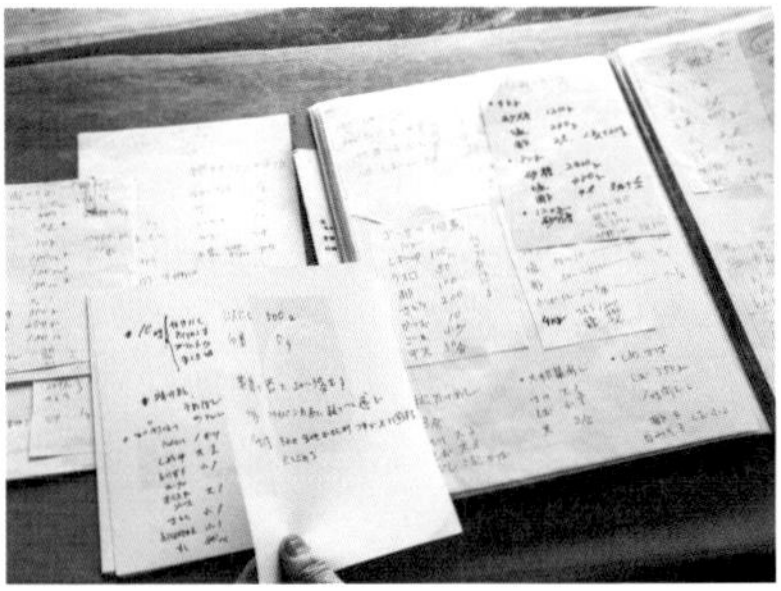

約50年書きためた「料理帖」は
今でも現役で役立っています。

こんにちは、「田舎そば川原」の川原恵美子
です。季節の草花もお出迎え。

この本はおいしくて、体の調子を整えることができる、私がいつも作っている常備菜を紹介したものです。

私は現在77歳ですが、これまで大きな病気をせずに過ごすことができました。それは、四季折々の旬の恵みを閉じ込めた常備菜のお陰だと思っています。

多くの作物を育ててきた農家だからこそ知っている、素材の味を生かした調理法、約50年にわたって工夫してきたコツをお伝えしますね。

まず、「はじめまして」の方に私のことを紹介しましょう。

私が住んでいるのは四国の香川県・まんのう町という自然豊かな町です。

結婚してから長い間、農家の主婦として農作業に携わり、10人ほどの大家族を切り盛りしてきました。決して豊かとは言えない環境の中、限りある食材を生かし、いかにおいしく食べることができるかを模索した、そこか

店の前にも田畑や里山が。まんのう町には懐かしい日本の風景が残っています。

ら私の「食の人生」が始まりました。

60歳を迎えようとするころ、思いがけないことが起きました。

香川県というと、うどんが有名ですが、まんのう町はそばの産地で私もよくそばを打ち、家族で食べていました。それを知人にごちそうしていたら評判がよく、「いっそのこと、そば屋さんを始めたらどうか」という声が上がり、皆さんの尽力であれよあれよという間に「田舎そば川原」ができたのです。

そば屋さんを営んで10数年たった２０２０年、またまた思いがけないことが起きました。

それまで書きためていた料理レシピを若い世代の方に伝えたいと思い、ＹｏｕＴｕｂｅを始めたところ、たいへん反響があったのです。

特に２０２１年6月に、そうめんのおいしいゆで方を紹介した「そうめん　ゆでるな！」という動画は再生回

採れたての野菜がご近所さんから届きます。今日はミニトマトときゅうりとなす。下は山ほどいただいたたまねぎです。

川沿いにある畑で玉ねぎを収穫。今は農作業をご近所さんにお願いしています。

数７００万回（２０２３年７月時点）になり、注目されました。それをきっかけにテレビに出演したり、『「田舎そば川原」恵美子さんの料理帖』（ＫＡＤＯＫＡＷＡ刊）を出版することにもなり、私の料理の世界が楽しく広がっていきました。

皆さんからの声で一番多かったのが、漬け物や煮物などの常備菜に関することでした。

農作業をしながら大家族の食事を作り、子育てをして、いつも多忙だった私にとって常備菜は強い味方でした。また、少し体調がすぐれないとき、酢を効かせた漬け物や、滋養になる保存食を食べて元気を取り戻した経験もありました。

学校で学んだ栄養学ではなく、長年の経験でわかったことですが、何が体にいいか、どう調理したらおいしいかは作物が教えてくれます。実際に、野菜や豆、いも、果

野菜や果物をおいしく料理して、喜んでもらうのがうれしい。私の恩返し。

物を見ていると、それぞれの持ち味を生かした調理のしかたが、手にとるようにわかるのです。

食材の生命を愛おしみながら、食材を余すことなく使い切って作ってきたのが私の常備菜です。

作物を育てていると、野菜は同じ種類でも1つ1つ違うことに気がつきます。同じ町内産でも山間部と平野部では味や水分量が違い、同じ土地でも昨年と今年ではまた違う味わいに育つのは不思議です。ですから、私のレシピを基にしながらも、皆さんはそれぞれの食材に合わせて自由に調理していただきたいと思います。

何よりも心をこめて、楽しく作ってくださいね。

「田舎そば川原」店主・川原恵美子

目次

2章 やさしい味つけで魚、肉、卵、豆を生かす

3章 安心安全なおやつを作りおき

番外編

この本の使い方

- 1章では春から冬へ、食材が旬を迎える順に常備菜を紹介しています(「わらびの甘酢漬け」、「淡竹の煮つけ」は、また春に)。旬は地域により違いがあります。旬の記載は以下を参考にしました。野菜ナビ https://www.yasainavi.com/
- 材料の大さじ1は15mℓ、小さじ1は5mℓ、1合は180mℓです。
- 特に表記がない場合、しょうゆは濃口しょうゆ、砂糖は上白糖です。
- はちみつを使った料理は1歳未満の乳児には与えないでください。
- 保存期間を記載しているものについては、あくまで目安です。気温、環境などによって異なりますので、様子を見ながら調整してください。

協力　(株)NCGroup 大前紗絵

デザイン　眞柄花穂、石井志歩(Yoshi-des.)
書き文字　竹永絵里
DTP　キャップス
校正　麦秋アートセンター

撮影　松井ヒロシ
スタイリング　林めぐみ
編集協力　今津朋子
編集　包山奈保美(KADOKAWA)

＼ 恵美子流 ／

常備菜作りの心得

1 食材の水分はなるべく取り除く

水分が多いと腐敗の原因になり日持ちしません。材料の水分は調理の過程でなるべく取るようにしましょう。キッチンペーパーを使うと簡単です。

2 保存容器は消毒する

容器を煮沸してから食材を入れて保存すると安心。鍋に瓶、容器と水を入れて沸かします。取り出したら乾いたふきんの上に置き、乾いたらなるべく早めに使います。煮沸のほか、容器に食品用アルコール消毒剤を吹きつけ、乾いてから食材を入れる方法もあります。

左：ガラス瓶は数分間、煮沸する。プラスチック容器は耐熱温度を確かめてから煮沸を。箸やトングも煮沸する。
右：乾いたふきんの上で乾燥させる。

3 料理は冷ました後で密閉容器に

料理を保存するなら密閉容器に入れて空気を遮断すると日持ちします。料理は冷めてから入れましょう。温かいうちに蓋をすると、蓋裏に水滴がついて腐敗の原因になります。

4 調味料を上手に使いましょう

殺菌・防腐効果がある塩、砂糖、みそ、しょうゆ、酢などの調味料を上手に使いましょう。写真は私が気に入って使っている調味料。地元産のものが多いですね。皆さんは好みの調味料を使って作ってください。

1章

旬の野菜のおいしさと栄養を閉じ込める

季節の野菜を使って、私が長年作り続けている
常備菜をご紹介します。
今は一年中いろいろ出回りますが、
栄養たっぷりの旬の恵みを一度に調理して
できるだけ長くいただきたいですね。
春夏秋冬、元気の素になる料理です。

酢たまねぎ

血液サラサラで、
肌つやつやに

たまねぎには血のめぐりをよくして
新陳代謝を促す働きがあり、
肌を健康に保ちます。
酢には腸内環境を整え、
血糖値や血圧を安定させる効果があります。
この2つを合わせた酢たまねぎは、
若々しい体を作るためのおすすめレシピ。
やわらかな新たまねぎで作ると
食べやすい酢たまねぎに。
サラダに混ぜたり、お料理に添えたりして
毎日たっぷり食べてください。

材料（作りやすい分量）

新たまねぎ … 300g
酢 … 150mℓ
はちみつ … 大さじ2

3つの材料で作れる
基本の漬け物です。

作り方

1 たまねぎは繊維を断ち切るように薄切りにして(a)、ボウルに入れる。はちみつ、酢を入れて混ぜる(b)。

Point » 傷みやすくなるので水にはさらしません。

2 ポリ袋に入れ(c)、袋の上から手で揉みこみ(d)味をなじませる。

3 約2時間置いたら、ガラス瓶などの密閉容器に入れて保存する。

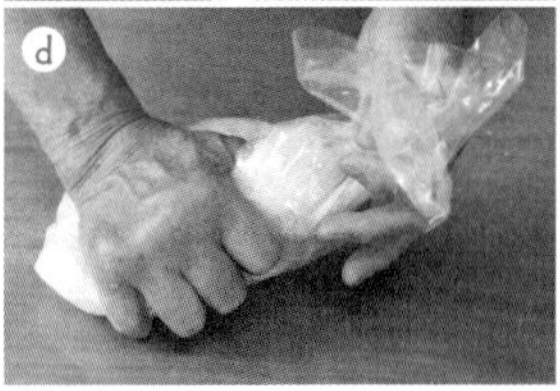

保存 | **冷蔵で1か月**

たまねぎに含まれるアリシンは
免疫力をあげると言われています。
ビタミンたっぷりのレモンを加え、
豆苗を加えて彩りのよい漬け物にしました。
黒い粒こしょうを入れて
ちょっと今風な感じにしました。
今回は焼いた塩さばにのせましたが、
冷奴にあしらっても。

材料（作りやすい分量）

- 新たまねぎ … 2個
- レモン（国産品）… 1個
- 塩、砂糖 … 各大さじ2
- 豆苗 … ½パック
- 黒こしょう（粒）… 大さじ1½

作り方

1 たまねぎは薄切りにして約10分、水にさらす（a）。レモンは皮つきのまま薄いいちょう切りにする。豆苗は根を切り、食べやすい長さに切る。

Point » 水にさらすのはたまねぎの辛味を取るのが目的。新たまねぎではないたまねぎを使う場合は、薄切りした後、塩少々を加えて揉んで水にさらしてざるにあげ、しんなりさせます。

2 たまねぎをざるにあげ、キッチンペーパーでしっかり水分を取る（b）。

3 ポリ袋にレモン、塩、砂糖を入れて味をなじませ、たまねぎを加える。空気を入れ、振って具材を混ぜ、豆苗、黒こしょうを加えて混ぜる。

4 袋をねじって空気を抜き、皿2枚をのせて重石にして（c）、1時間置く。

5 袋を絞って余分な水分を出す（d）。

保存 | **冷蔵で10日間**

新たまねぎのレモン漬け

免疫力を上げたい人におすすめ

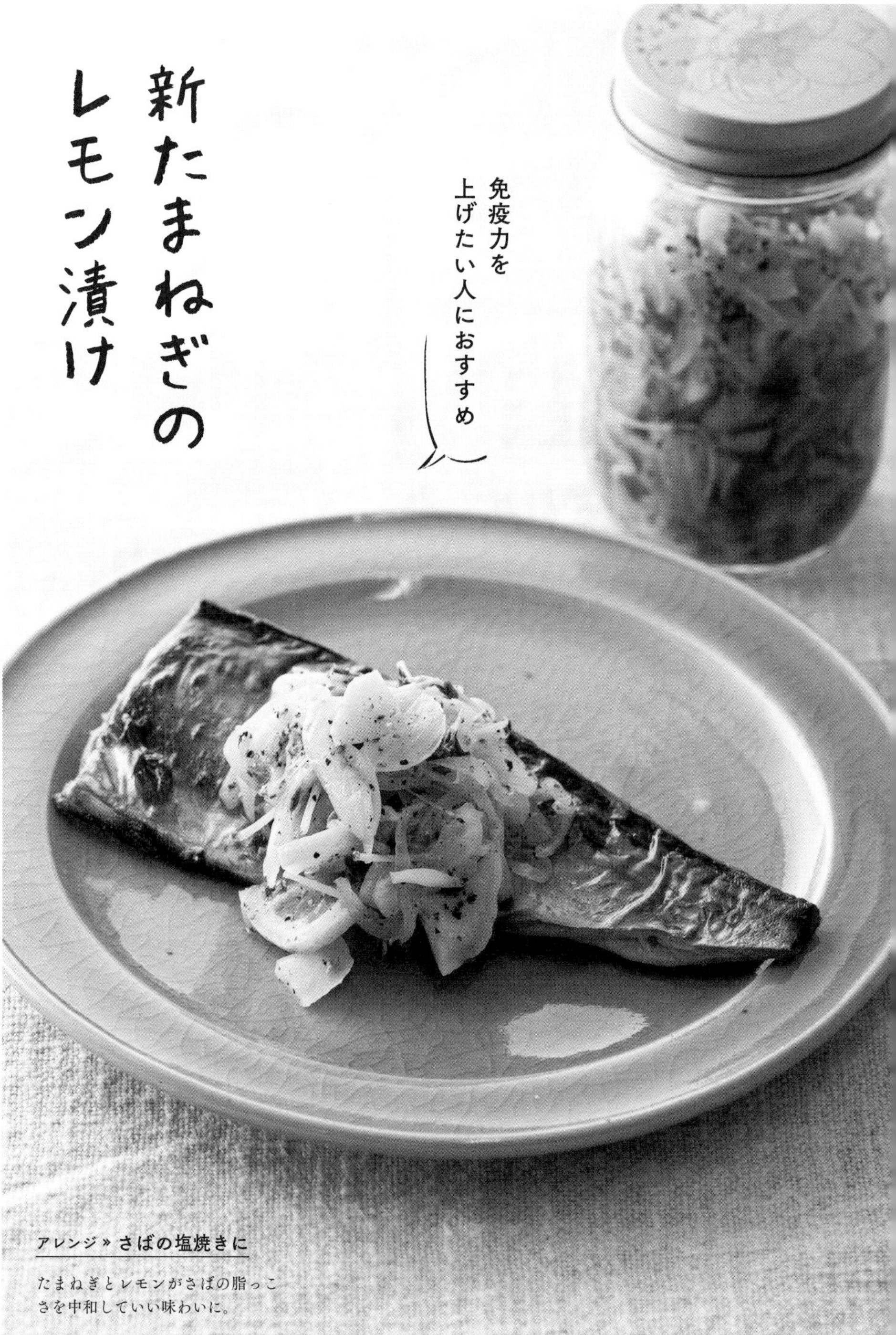

アレンジ» さばの塩焼きに

たまねぎとレモンがさばの脂っこさを中和していい味わいに。

酢キャベツ

私の健康の秘訣は
このレシピ！

私が77年間、大病をせずに過ごせたのは
この酢キャベツのおかげと思っています。
酢には脂肪を分解し、血糖値、血圧を
安定させる効果があり、
キャベツはビタミンやミネラル、食物繊維が
たっぷり含まれていて
ダイエットの味方でもあります。
食べやすくするため、
少しはちみつを加えています。

材料（作りやすい分量）

キャベツ … 300g
酢 … 約150mℓ
はちみつ … 大さじ2

材料はキャベツ、酢、
はちみつの3つだけ。

作り方

1 キャベツは繊維を断ち切るようにせん切りにして(a)、ボウルに入れる。
Point » 傷みやすくなるので水にはさらしません。

2 はちみつ、酢を入れ(b)、混ぜる。ポリ袋に入れて(c)、ポリ袋の上から手で揉みこみ(d)、味をなじませる。

3 約2時間置く。

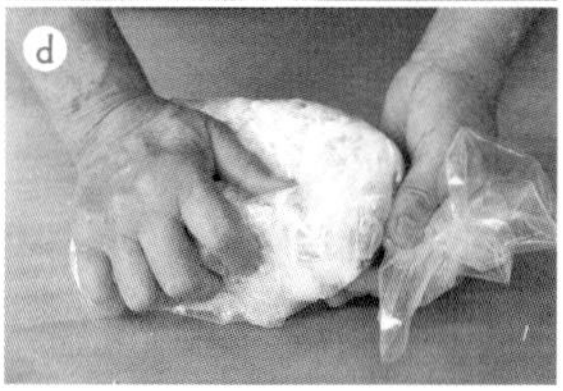

保存 | 冷蔵で1か月

春キャベツのからし漬け

いくらでも食べられて
栄養効果も抜群

アレンジ » 厚揚げに

相性が抜群。厚揚げをだしで煮た上にのせるとおいしくいただけます。

春野菜を甘酢とからしで漬けた
ピリ辛味の漬け物。
にんじんを加えているので
彩りよく仕上がります。
からしには体を温め、
めぐりをよくする働きがあります。
ダイエット効果も期待できそうですね。

材料（作りやすい分量）

春キャベツ … 200g
新たまねぎ … 1個
にんじん … ½本
塩 … 小さじ5
酒、砂糖 … 各大さじ2
酢 … 大さじ4
粉からし … 小さじ4
水 … 少々

作り方

1 たまねぎは薄切りにして水にさらし、しんなりしたらざるにあげ、水分を取る。
キャベツはざく切りにし（a）、にんじんは細切りにする。

2 ポリ袋にたまねぎ、キャベツ、にんじんを入れ、塩を加える。袋を振って具材を混ぜたら、空気を抜いて袋を閉じ、1～2時間置く（b）。

3 袋を揉んで味をなじませ、袋を絞り、余分な水分を出す。

4 ボウルに粉からしを入れて水で溶き（c）、2～3分置いてアクを抜き、酢、酒、砂糖を入れて混ぜる。

5 3に4を入れて混ぜ、袋をねじって空気を抜いて閉じ（d）、2～3時間置く。

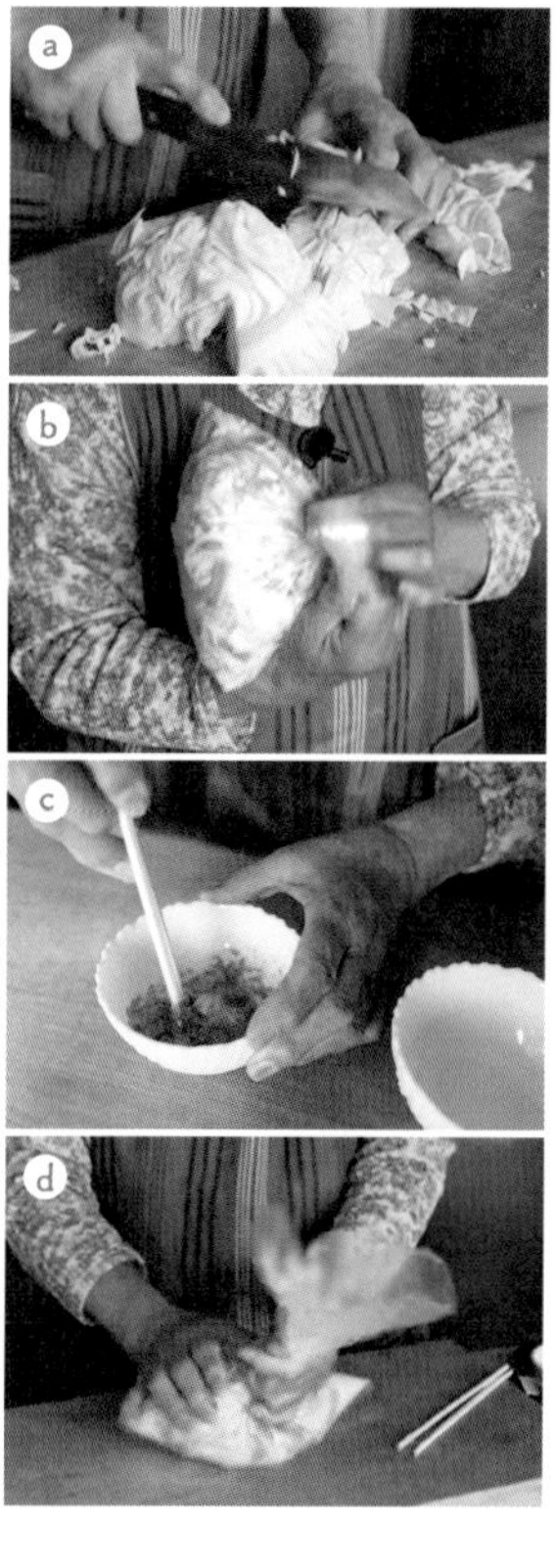

保存 | 冷蔵で10日間

きゅうりにはビタミン、ミネラルが
たっぷり含まれ、塩分を
体の外に出す働きがあるので
むくみが気になる人におすすめです。
大きめに切っているので、
パリパリとした食感が快感。
酒は風味づけのためで、漬けている間に
アルコール分は飛んでいきます。

材料（作りやすい分量）

きゅうり…500g
塩…小さじ4
三温糖…70g
酒…大さじ1½

作り方

1 きゅうりは両端を切り落とし、1.5cm幅の斜め切りにして(a)、ポリ袋に入れる。

2 塩を入れて空気を入れて振って混ぜ、三温糖を入れ(b)、酒を入れる(c)。

Point » 酒と合い、やわらかな味になるので三温糖が適しています。

3 袋を揉んで混ぜ、空気を抜いて袋を閉じ、一晩置く。途中、ときどき袋を揉んで味をなじませるとよい(d)。

保存 | 冷蔵で10日間

きゅうりの酒漬け

パリポリ食感が快感！
むくみ解消も期待できます

夏の食欲増進にピリ辛味が効く

きゅうりのからし漬け

20〜21ページの「きゅうりの酒漬け」にからしを加えたもの。からしの力で、酒漬けよりも早く漬かり、ピリリとした風味で夏の食欲増進にぴったりです。

材料（作りやすい分量）

- きゅうり … 500g
- 塩 … 小さじ4
- 粉からし … 大さじ2
- 砂糖 … 60g
- 酒 … 大さじ1½

作り方

1 きゅうりは両端を切り落とし、1.5㎝幅の斜め切りにしてポリ袋に入れる。

2 塩を入れて空気を入れて振って混ぜ、粉からし、砂糖、酒を入れる（a）。

Point » からし粉と調和させるには上白糖を。

3 袋を揉んで混ぜ（b）、空気を抜いて袋を閉じ一晩置く。途中、ときどき袋を揉んで味をなじませる。

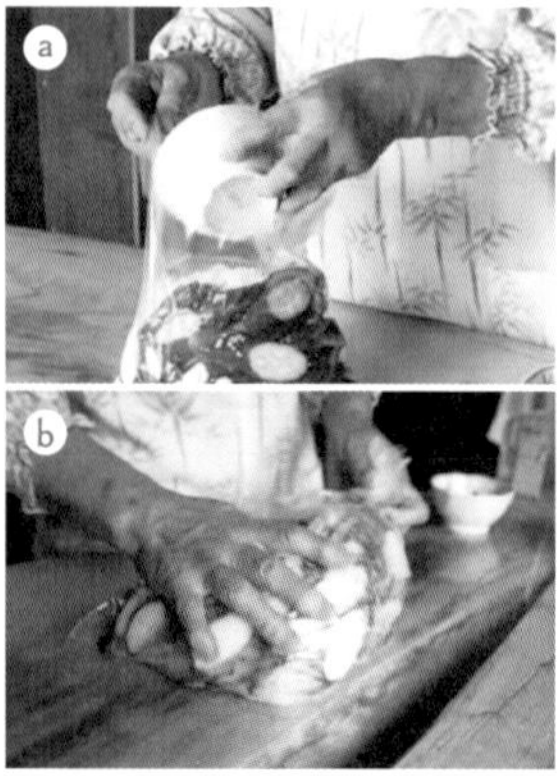

保存 | 冷蔵で10日間

「田舎そば川原」のテイクアウト人気No.1

なすのからし漬け

これも夏に食が進まないときのお助けレシピです。
「田舎そば川原」のお持ち帰り商品で一番の人気です。

材料（作りやすい分量）

なす…500g
塩…小さじ4
ミョウバン…大さじ½
粉からし…大さじ2
砂糖…100g
酢…大さじ1½
しょうゆ…120mℓ
水…少々

保存｜冷蔵で10日間
冷凍で1か月

作り方

1 なすはピーラーで皮の部分の½をむき、8㎜幅の半月切りにする（a）。

2 ポリ袋になす、塩、ミョウバンを入れて混ぜる。空気を抜いて冷蔵室に30分置く。

3 袋からなすを出し、手で絞り、袋に戻す（b）。

4 ボウルに粉からしを入れ、水を少しずつ入れて溶く。30分置き、アクを抜く。

5 3にからし、砂糖、酢、しょうゆを入れ（c）、揉み混ぜ、袋の空気を抜いて閉じ、冷蔵室に約1時間置く。

きゅうりと長いものにんにく漬け

ねばねば食材で
疲労回復！

昔から滋養食と言われてきた長いも。
ねばねばした部分には水溶性食物繊維が含まれ、
腸を整え、老廃物を体外に出す働きがあります。
さらににんにくを加えたこの漬け物は
疲労回復効果も抜群。
きゅうりと合わせた、ポリポリとした食感も
楽しんでくださいね。

材料（作りやすい分量）

- きゅうり… 2本
- 長いも…100g
- にんにく…½かけ
- 砂糖、ごま油…各小さじ1
- 塩…小さじ½
- しょうゆ…大さじ2
- ラー油…5～6滴

作り方

1 きゅうりは4cm長さのスティック状に切る（a）。長いもは皮をむき、4cm長さのスティック状に切る。にんにくはみじん切りにする。

2 ポリ袋に砂糖、ごま油、塩、しょうゆ、ラー油を入れ、きゅうり、長いも、にんにくを入れて袋ごと揉み混ぜる（b）。袋を閉じ（c）、冷蔵室に置く。

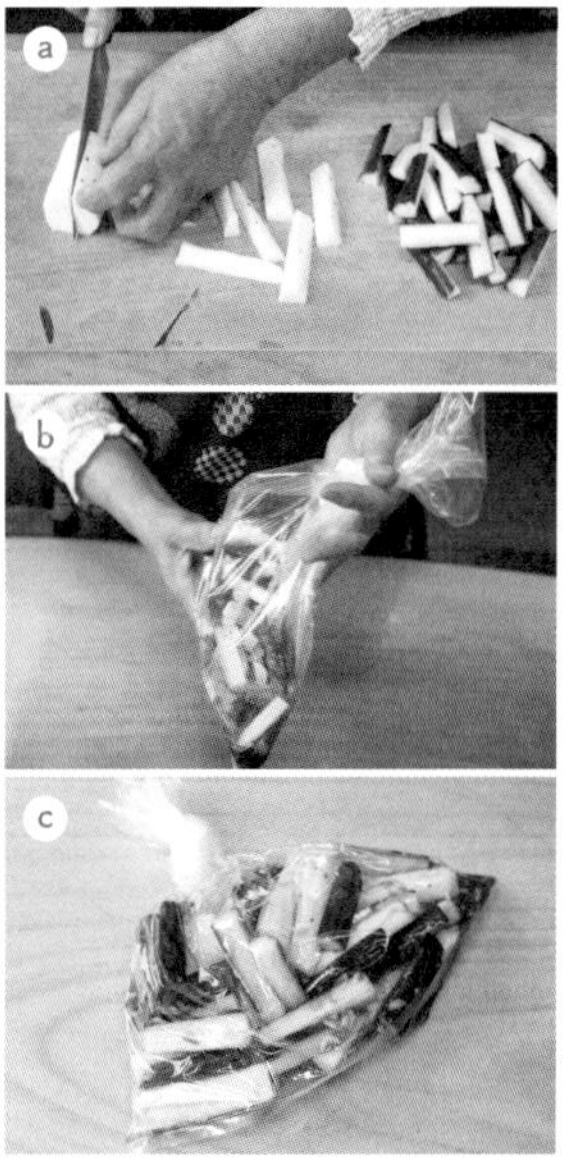

保存 | **冷蔵で5日間**

みょうがとらっきょうの甘酢漬け

体がシャンとする、最強の組み合わせ

旬 みょうが 6〜10月／らっきょう 5〜6月

まんのう町で春から夏にかけて採れる
みょうがと、6月ごろに収穫できる
らっきょうを甘酢漬けにしました。
食欲増進効果があるみょうが、
疲労回復効果のあるらっきょうに
酢を合わせた最適の組み合わせ。
肉料理、魚料理に添えて楽しんで
くださいね。

材料（作りやすい分量）

- みょうが…10本
- らっきょう…350g
- 砂糖…大さじ2
- 酢…75mℓ

作り方

1 みょうがは縦半分または四つ割に切り(a)、水分を取る。

2 らっきょうは洗って皮を取る。鍋に湯を沸かしてらっきょうを入れ、さっと湯通ししてざるにあげ、水分を取る。

3 密閉容器にみょうがを並べ(b)、らっきょうをのせる。

4 砂糖をのせ(c)、酢を注ぎ(d)、30分ほど置いて味をなじませる。

保存 | 冷蔵で1か月

体をクールダウンさせる効果があるなす。
南蛮漬けにして冷蔵庫でよく冷やして
食べれば、元気に夏を過ごすことができます。
このままでもおいしいのですが、
ししとうやピーマンを加えると
さらにおいしく、彩り豊かになります。

材料（作りやすい分量）

- なす… 3本
- たまねぎ… ½個
- 砂糖、酢、しょうゆ、みりん… 各大さじ2
- 白だし… 大さじ1
- 赤とうがらし… ½本
- かたくり粉… 大さじ2
- ごま油… 大さじ5
- 白炒りごま… 大さじ2

作り方

1 たまねぎは薄切りにし、水を張ったボウルに入れて約5分さらす。なすは乱切りにして(a)、同じように水にさらす。それぞれをざるにあげ、キッチンペーパーで水分を取る。

2 密閉容器に砂糖、酢、しょうゆ、みりん、白だしを入れ、赤とうがらしをキッチンばさみで小口切りにして種を取りながら入れる。たまねぎを入れる(b)。

3 ポリ袋になす、かたくり粉を入れ、袋を振って混ぜ合わせる。

4 フライパンにごま油を入れて熱し、なすを並べ、強火で表面を焼き、こんがり焼けたら弱火にして、なすがやわらかくなるまで焼く(c)。

5 なすを取り出し、熱いうちに2に入れる(d)。

Point » たまねぎを容器の片側に寄せ、なすを汁に入れていくと味がしみこみやすいです。

6 ごまを指でひねりながら振る。

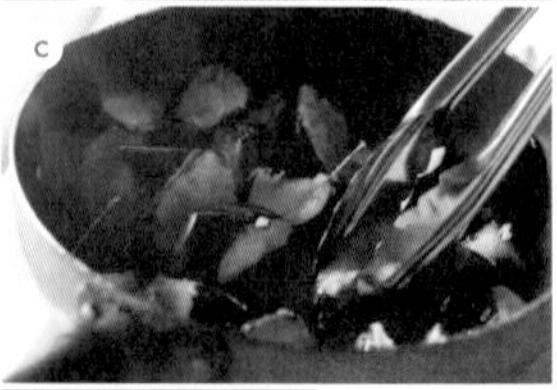

夏の元気の源

なすの南蛮漬け

保存　冷蔵で1週間

なすの煮浸し

なすのうま味を堪能できる

保存｜冷蔵で5日間

夏から秋にかけての定番お惣菜ですが、
意外に味が定まらず困っている人が多いよう。
なすの水気をしっかり取ってから焼くこと、
なすの表裏をしっかり焼いてから
だし汁に煮含めるなど、コツを押さえれば
おいしい煮浸しができます。

材料（作りやすい分量）

なす … 3本
しょうが … 20g
細ねぎ … 2～3本
サラダ油 … 大さじ4
砂糖、酒 … 各大さじ1
みりん … 大さじ2
しょうゆ … 大さじ3
水 … 200～250mℓ
和風だしの素 … 大さじ1½

作り方

1 なすは縦半分に切り、水を張ったボウルに約5分入れ、取り出して水分を取る。割り箸をなすに添わせ、表面に約5mm幅に斜めに切りこみを入れる(a)。食べやすい大きさに切り、再度水に約5分さらし、取り出して水分を取る。しょうがは皮つきのまません切りにする。細ねぎは小口切りにする。

2 フライパンに油を入れて熱し、なすを皮目を下にし、弱めの中火で焼き(b)、裏返して焼く。何度か裏返し、焼き色がつくまで焼く(c)。

3 しょうが、砂糖、酒、みりん、しょうゆを入れる。なすの皮目を下にし、水、だしの素を加え、蓋をしてやわらかくなるまで煮る(d)。器に盛って細ねぎをあしらう。

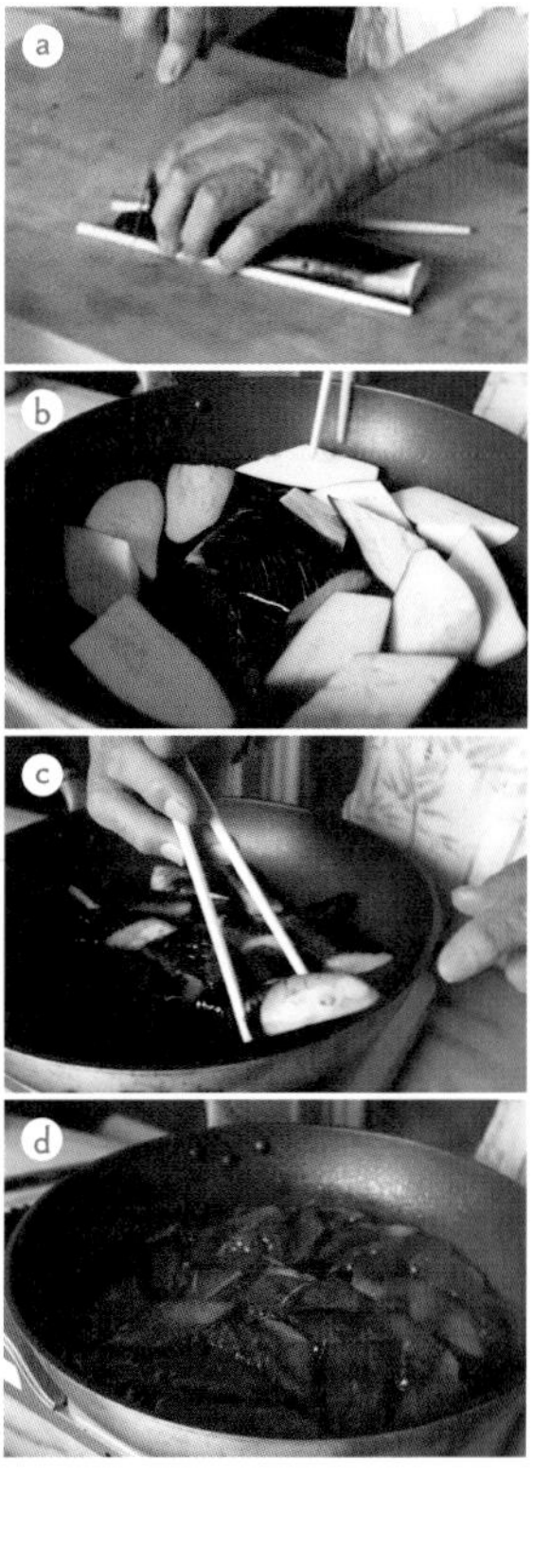

ししとうの炒め物

爽やかな辛味で
初夏を元気に

春から秋にかけて旬を迎えるししとう。
鮮やかな緑色が食欲をそそります。
これは炒めて合わせ調味料に入れるだけの
簡単おかず。かつお削りぶしを
たっぷりのせるのがポイントです。
冷奴にのせて食べてもいいですね。

材料（作りやすい分量）

ししとう … 約20本（1パック）
しょうゆ、みりん、ごま油 … 各大さじ1
酢 … 小さじ2
かつお削りぶし … 適量
白炒りごま … 大さじ2

作り方

1 ししとうは手でヘタを取り、ナイフで身の一部分に切りこみを入れる(a)。

2 密閉容器にしょうゆ(b)、みりん、酢を合わせておく。

3 フライパンにごま油を熱し、ししとうを入れてしんなりするまで炒める(c)。

4 3を熱いうちに2に入れる(d)。かつお削りぶしを入れ、ごまをひねりながら振る。

保存｜冷蔵で1週間

βカロテン、食物繊維などが豊富な
にんじんの栄養をまるごと摂れる漬け物。
洋にんじんのえぐみを抜くために
はちみつを使っていますが、
はちみつには抗菌作用があり、
風邪予防になります。
このまま食べてもよいし、
炒め物をするときに一緒に炒めると
風味が増します。
酒の肴にしてもいいですね。

材料（作りやすい分量）

にんじん（洋にんじん）… 200g
しょうゆ … 150mℓ
みりん … 100mℓ
はちみつ … 大さじ1
赤とうがらし … 1本

作り方

1 にんじんは皮をむいて縦半分に切って半月切りにする（a）。キッチンペーパーで水分を取る。

2 密閉容器ににんじんを入れ、はちみつを入れる（b）。みりん、しょうゆを注ぐ（c）。

3 上からキッチンばさみで赤とうがらしを種を取りながら小口切りにして散らす（d）。

Point » にんじんがやわらかくなったら食べられます。

保存 | 冷蔵で4日間

にんじんのしょうゆ漬け

βカロテン、食物繊維を体に取り込む

しめじ、ピーマン、ちくわの炒め物

食物繊維とビタミン補給に

ビタミン豊富なピーマンは出盛り期に
たっぷり食べたい食材。
食物繊維豊富なしめじと炒め合わせ、
ちくわを入れてボリュームアップしました。
作り方は簡単ですが、お惣菜に、
お弁当の一品にと重宝します。

材料（作りやすい分量）

しめじ… 1パック
ピーマン… 5個
ちくわ… 大1本（小2～3本）
サラダ油… 大さじ1
酒、みりん、しょうゆ… 各大さじ2
白炒りごま … 適量
ごま油 …（好みで）適量

作り方

1 しめじは石づきを切り、小房に分ける。ピーマンは縦半分に切り、種を取り除き、縦に薄切りにする（a）。ちくわは斜めに薄切りする。

2 フライパンにサラダ油を入れて熱し、ピーマンを入れて弱火で炒め、中火にしてしめじを入れ炒める。弱火にしてちくわを入れて炒める（b）。

Point » ピーマンのシャキシャキ感を残すように、炒め過ぎないのがコツです。

3 酒、みりん、しょうゆを入れて炒め合わせる（c）。白炒りごまをふり（d）、好みでごま油を回し入れる。

保存｜冷蔵で1週間

マッシュルームの甘酢漬け

低カロリーの
ダイエット漬け物

変色しやすいマッシュルームを酢に漬けて長期保存できるようにしたレシピです。私は30代のころ、マッシュルーム栽培の研究をしていました。私が育てた生食用マッシュルームは東京のホテルでフランス料理の食材として使われていたんですよ。マッシュルームをはじめ、きのこ類は低カロリーで食物繊維が豊富。ダイエット中の人にもおすすめです。

材料（作りやすい分量）

生マッシュルーム … 10個
レモン … ¼個
水 … 150mℓ
和風だしの素 … 小さじ1
酢 … 100mℓ
砂糖 … 大さじ4
塩 … 小さじ½

作り方

1 マッシュルームは汚れを拭く。大きいものは2～3等分に切る（a）。レモンは皮をむいて半月切りにする（b）。

2 鍋に水、だしの素、酢、砂糖、塩を入れて中火にかけ、砂糖が溶けたら、マッシュルームを入れ、沸騰したらすぐに火を止め、レモンを入れる（c）。

3 粗熱が取れたら、ガラス瓶などの密閉容器にマッシュルーム、レモンを入れ、漬け汁を注ぎ（d）、冷蔵室で保存する。

保存｜冷蔵で1か月

なめたけはえのきだけを佃煮にしたもの。
瓶詰の市販品がおなじみですが、
鍋にえのきだけと調味料を入れて
ことこと煮るだけで、家庭でも簡単に
作ることができます。低カロリーで
ダイエットにも適しています。
ご飯のお供、お茶漬けの具に。

材料（作りやすい分量）

- えのきだけ … 200g
- 和風だしの素 … 小さじ1
- しょうゆ、酒 … 各大さじ2
- 酢 … 小さじ1
- 水 … 大さじ3
- みりん … 大さじ1

作り方

1 えのきだけは石づきを切り落とし、長さを半分に切ってほぐす(a)。

2 鍋にだしの素、しょうゆ、酒、酢、水を入れて弱火にかけ(b)、えのきだけを入れて煮る(c)。

3 煮汁が少なくなったら、みりんを入れて火を止める。

Point » みりんは後で入れて照りを出します。

保存 | 冷蔵で10日間

なめたけ

鍋で煮るだけで作れる
低カロリー佃煮

具材を大きめに切り、
シンプルに味つけした、
野菜本来の味を楽しむ肉じゃがです。
冷める間に味がしみこむので
作ってからしばらくたつと
おいしさが増し、常備菜向きです。

材料（作りやすい分量）

- じゃがいも … 4個
- 牛こま切れ肉 … 130g
- にんじん … 1本
- たまねぎ … 2個
- サラダ油 … 大さじ1
- 水 … 400mℓ
- 砂糖、しょうゆ … 各大さじ3

作り方

1 じゃがいもは大きめの乱切りにし（a）、水を張ったボウルに入れて約10分さらし、ざるにあげる。にんじんは大きめの乱切りにする。たまねぎは大きめのくし切りにする。

2 鍋にサラダ油を熱し、1を入れ炒める（b）。

3 油が全体に回ったら水、砂糖を入れ（c）、蓋をして中火で約5分煮る。

4 肉を入れ、しょうゆを回しかけ、蓋をして具材がやわらかくなり、水分量が約1/3になるまで煮る（d）。最後に弱火にして蓋をして約2分煮て、味をなじませる。

5 鍋を返して全体を混ぜ、火を止める。

Point » へらで混ぜると具材が崩れやすくなるので、手で鍋を返して混ぜます。

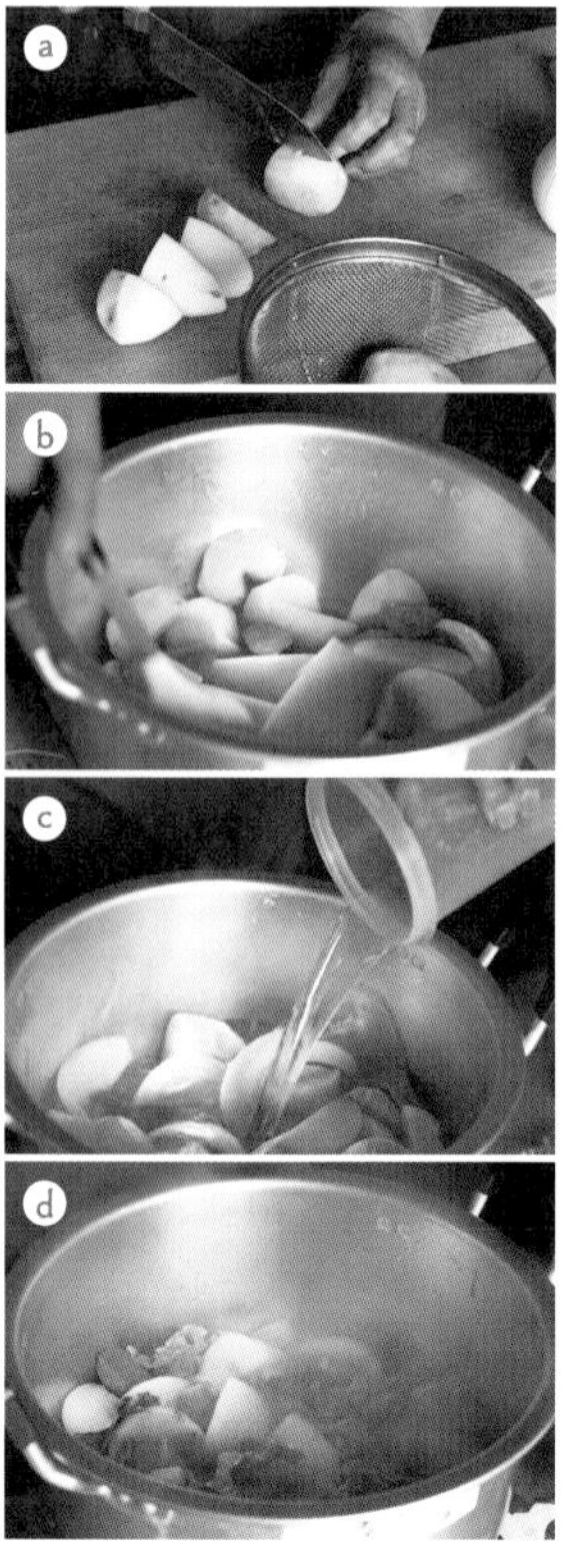

保存 | 冷蔵で4日間

肉じゃが

野菜の味を楽しむ
シンプルな味つけ

れんこんの松前漬け

するめと昆布の
うま味が凝縮

お正月などお祝いの日に
いただくことが多い松前漬け。
"よく見通せる"れんこんと、
"よろこぶ"に通じる
昆布を使って作りました。
昆布のうま味は水溶性食物繊維を含み、
ダイエットにもいいそうです。

材料（作りやすい分量）

れんこん … 350g
するめ … 30g
昆布 … 20g
酢、酒 … 各大さじ３
砂糖 … 大さじ３
しょうゆ … 大さじ５
酢水（水500mℓ、酢大さじ２）
赤とうがらし … １本

作り方

1 れんこんは皮をピーラーでむき、薄い半月切りにする。するめ、昆布はそれぞれキッチンばさみで細く切る（a）。

2 鍋に酢、酒、砂糖、しょうゆを入れて混ぜて火にかけ（b）、一煮立ちしたら火を止めて冷ます。

3 別の鍋に酢水を入れ、れんこんを入れて強火で２〜３分ゆでる。水を張ったボウルに入れてぬめりを取り（c）、ざるにあげる。

4 ポリ袋にれんこん、するめ、昆布を入れ、赤とうがらしをキッチンばさみで切り入れる。2を注ぎ（d）、空気を抜いて閉じる。

保存 | 冷蔵で５日間

根菜には食物繊維が多く含まれ、腸をよく動かす働きがあるので、お腹の調子を整えたい人は、意識して摂ってくださいね。このきんぴらは水を使わずに作っているので、歯ごたえもじゅうぶん。満腹感が得られやすく、ダイエット効果も期待できますよ。

材料（作りやすい分量）

- ごぼう、れんこん … 各100g
- にんじん … 50g
- 砂糖 … 大さじ½
- 酒、みりん、オリーブ油、
  白炒りごま … 各大さじ1
- しょうゆ、ごま油 … 各大さじ2
- 赤とうがらし … ½本

作り方

1 ごぼう、にんじんはそれぞれ斜め薄切りにした後、せん切りにする（a）。れんこんは皮つきのまま薄い半月切りにする。赤とうがらしは小口切りにし、種を取る。

Point » 具材の幅を合わせると仕上がりが揃います。

2 フライパンにオリーブ油を入れて熱し、1を入れて強めの中火で炒め、具材に油が回ったら弱火にしてじっくり炒め（b）、ごぼうに火が通ったら火を止める。

3 砂糖、酒、みりんを入れて味をなじませ、しょうゆを加えて火にかけ、弱火で炒め煮する（c）。

Point » 炒めていて焦げつくようなら水少々（分量外）を入れてもいいでしょう。

4 ごま油を回し入れ、ごまを入れ（d）、赤とうがらしを加えて仕上げる。

保存 | 冷蔵で5日間

旬 ごぼう 10〜12月／れんこん 9〜2月／なす 6〜9月

ごぼう、れんこん、にんじんのきんぴら

お腹の調子が整うこと確実！

福神漬け

血行をよくする
しょうがを効かせて

旬 大根 10〜1月、3〜4月／れんこん 9〜2月／なす 6〜9月

カレーライスに添える薬味として
おなじみの福神漬け。
市販品に頼らなくても家庭で簡単に作れます。
新陳代謝アップなど健康にもいい
しょうがを効かせました。副菜としても。

材料（作りやすい分量）

- 大根 … 400g
- なす … １本
- しょうが … ２かけ
- れんこん … 100g
- 昆布 … 3〜4cm
- 塩 … 小さじ４
- しょうゆ、みりん、酒 … 各200mℓ
- 酢 … 100mℓ
- 砂糖 … 130g
- 白炒りごま … 大さじ２

作り方

1 大根は皮ごと５㎜幅のいちょう切りにする。なすは皮をむき８㎜幅の半月切りにし、水に浸す。しょうがは皮ごとみじん切りにする。れんこんは皮をむき、厚さ５㎜の半月切りにする。昆布は細切りにする。

2 ボウルに大根としょうがを入れ、なすを手で絞って加え、混ぜる。塩小さじ２を加えて混ぜ、２分置く。手で絞って水分を取り別のボウルに入れる（a）。

3 鍋に湯を沸かし、れんこん、塩小さじ２を入れさっとゆで、ざるにあげ、冷ます。

4 鍋にしょうゆ、みりん、酒、酢、砂糖、昆布を入れて火にかけ、沸騰直前にごま、2、3を入れて煮る（b）。

5 ざるを入れたボウルに4を流し入れ、具材と汁を分ける（c）。汁を鍋に戻し、５分煮詰める。具材を鍋に戻し（d）、粗熱を取る

保存｜冷蔵で５日間

a

b

c

d

ビタミン、ミネラルなど
体にいい栄養がぎゅっと
凝縮されている切り干し大根。
食物繊維も豊富なのでお腹の調子を
整えたい人はぜひ食べてください。

材料（作りやすい分量）

切り干し大根 … 100g
塩 … 少々
油揚げ … ½枚
にんじん … 少量
しょうゆ … 65mℓ
和風だしの素 … 少々
三温糖 … 大さじ２
みりん、酒 … 各50mℓ

作り方

1 ぬるま湯を張ったボウルに切り干し大根を入れ、軽く揉みほぐし、ざるにあげる。塩を入れて揉み、ぬるま湯に戻して洗い（a）、軽く絞る。これを２～３回繰り返す。油揚げは短冊切りにする。

2 鍋にたっぷりの湯を沸かし、切り干し大根を入れゆでる。少しやわらかくなったらざるにあげる。ゆで汁はとっておく。

3 鍋に切り干し大根を入れ、にんじんをせん切り器でおろし入れる（b）。油揚げを入れる。しょうゆ大さじ１、和風だしの素を入れ、切り干し大根のゆで汁を、具材がひたひたになるぐらいまで注ぐ（c）。火にかけ強火で約10分蓋をして煮る。途中で煮汁がなくなりかけたら２のゆで汁を加えて煮る。

4 火を止め、三温糖、みりん、酒、残りのしょうゆ（50mℓ）を入れる。再度、火をつけ弱めの中火で２～３分煮て（d）、火を止める。蓋をして約5分置き、味をしみこませる。

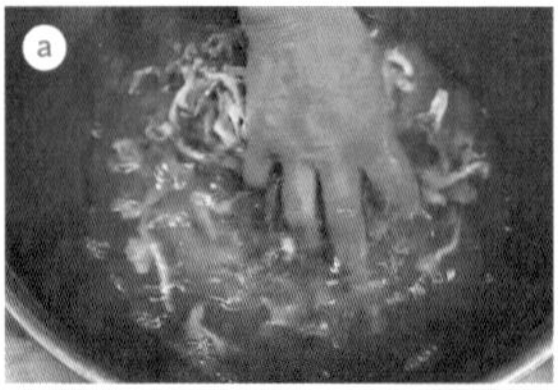
a

b

c

d

保存 | **冷蔵で5日間**

切り干し大根の煮物

お腹の調子を整える

大根とゆずのしょうゆ漬け

漬けたそばからなくなる

旬 大根　10〜1月、3〜4月

ご飯のお供に、肉料理、魚料理の
添えものとして、また酒の肴としても
(日本酒にとても合います)重宝する
食べ飽きない漬け物。ゆずの豊かな香りと
大根、しょうゆの相性は抜群!
2時間ほど漬ければ食べられますが、
常備できなくなるほどの人気ぶりです。

材料(作りやすい分量)

- 大根…400g
- ゆず…1個
- 赤とうがらし…1本
- 酒…大さじ1
- しょうゆ…大さじ4〜5

作り方

1 大根は皮をむき、いちょう切りにする(a)。ゆずは縦に切り、横半分に切っていちょう切りにする。大根とゆずをポリ袋に入れ、赤とうがらしを、キッチンばさみで細い小口切りにして、種を取りながら落としていく(b)。

2 酒、しょうゆを入れ、空気を入れて振り、なじませたら、空気を抜いて閉じ(c)、2〜3時間置く。

保存 | 冷蔵で5日間

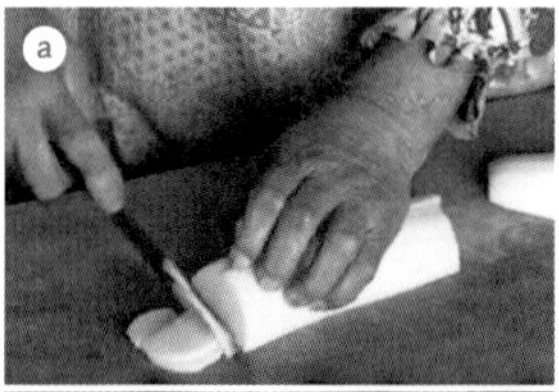

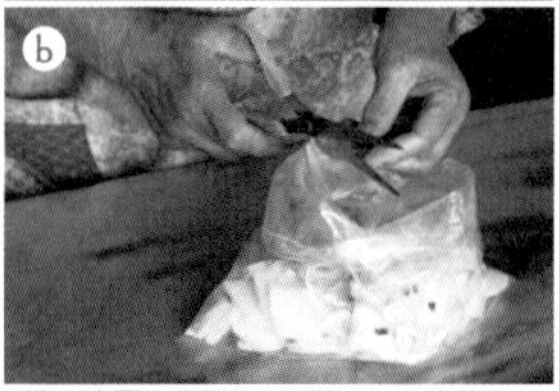

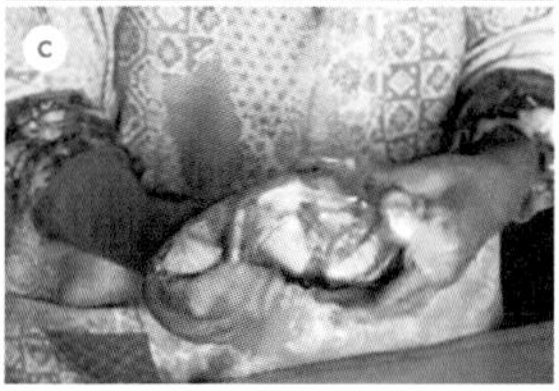

白菜漬け

栄養とうま味が
凝縮した
冬の定番漬け物

白菜にはビタミン、ミネラル、食物繊維がたっぷり含まれていて、冬を元気に過ごすためには欠かせない食材です。
畑から採ってきたばかりの白菜を漬けるのが、私の冬仕事のひとつ。数日、日に干してから漬けると、白菜のうま味が凝縮して甘味が増します。

材料（作りやすい分量）

白菜…500g
塩…大さじ1
水…50mℓ

作り方

1 白菜は外葉を1枚取り除き、置いておく。白菜の根元に包丁で切り込みを入れる。

Point » 水洗いしないでおくと腐敗が防げます。

2 風通しのよい日陰で1～2日干す。

干し上がった白菜

3 白菜の葉の根元部分に塩を入れる(a)。外葉をかぶせてポリ袋に入れ、水を注ぐ。ボウルに入れる(b)。

Point » 塩は根元を中心に入れます。葉は塩水で自然に漬かっていきます。

4 3のボウルより小さいボウルを重ね、水を入れた2ℓ入りペットボトルを重石にしてのせ、一晩置く。

5 白菜を出して別のポリ袋に入れ、漬け汁を加え、空気を抜いて袋を閉じる(c)。

6 食べるときにとり出して水にさらして絞り(d)、食べやすい大きさに切る。

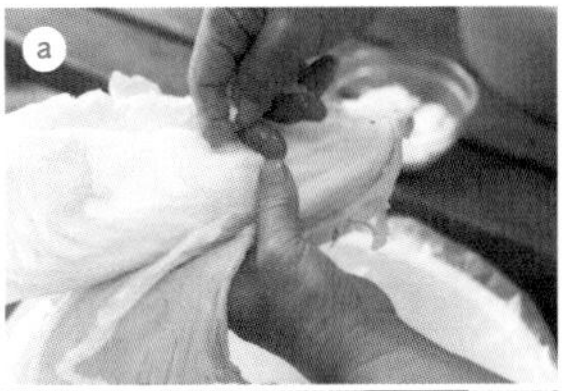

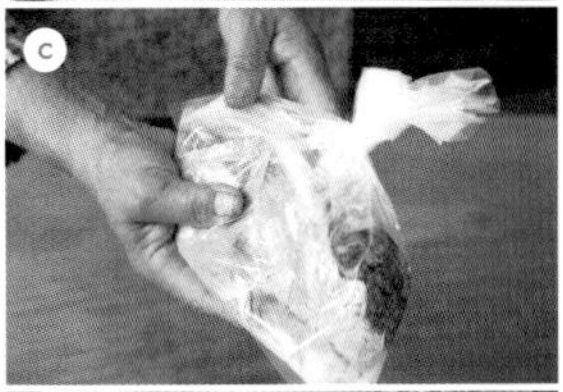

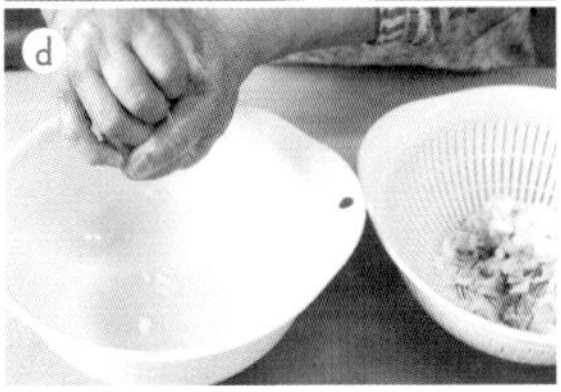

保存 | 冷蔵で1週間

かつて物がなかった時代には、
お肉の代わりにこんにゃくを焼き、
ステーキとして食べたもの。
健康志向の今は、ダイエットや
健康のためにこんにゃくを
食べるようになりました。
濃厚なソースとともに
ステーキ風こんにゃくを
楽しんでください。

材料（作りやすい分量）

こんにゃく… 1枚
にんにく、しょうが…各1かけ
しょうゆ…大さじ1½
酒…大さじ1
おろしにんにく、おろししょうが
（ともにチューブ）…各大さじ1
赤とうがらし…½本
サラダ油…大さじ1½

作り方

1 こんにゃくは包丁で表面に細かく格子状に切りこみを入れる(a)。しょうが、にんにくはみじん切りにする。赤とうがらしは細い小口切りにする。

2 たれを作る。容器にしょうゆ、酒、おろしにんにく、おろししょうが、赤とうがらしを合わせる。

3 鍋にたっぷりの水、こんにゃくを入れて火にかける。沸騰後約5分したら冷水にとる(b)。2に切りこみを下にして漬ける(c)。

4 フライパンにサラダ油、みじん切りしたしょうが、にんにくを入れて火にかける。香りがたったら、2の半量、切りこみを入れた面を下にしてこんにゃくを入れ、焼き色がつくまで焼く(d)。

5 こんにゃくを裏返して2の残りを入れて焼く。

6 こんにゃくを食べやすい大きさに切り、器に盛り、フライパンのたれをかける。

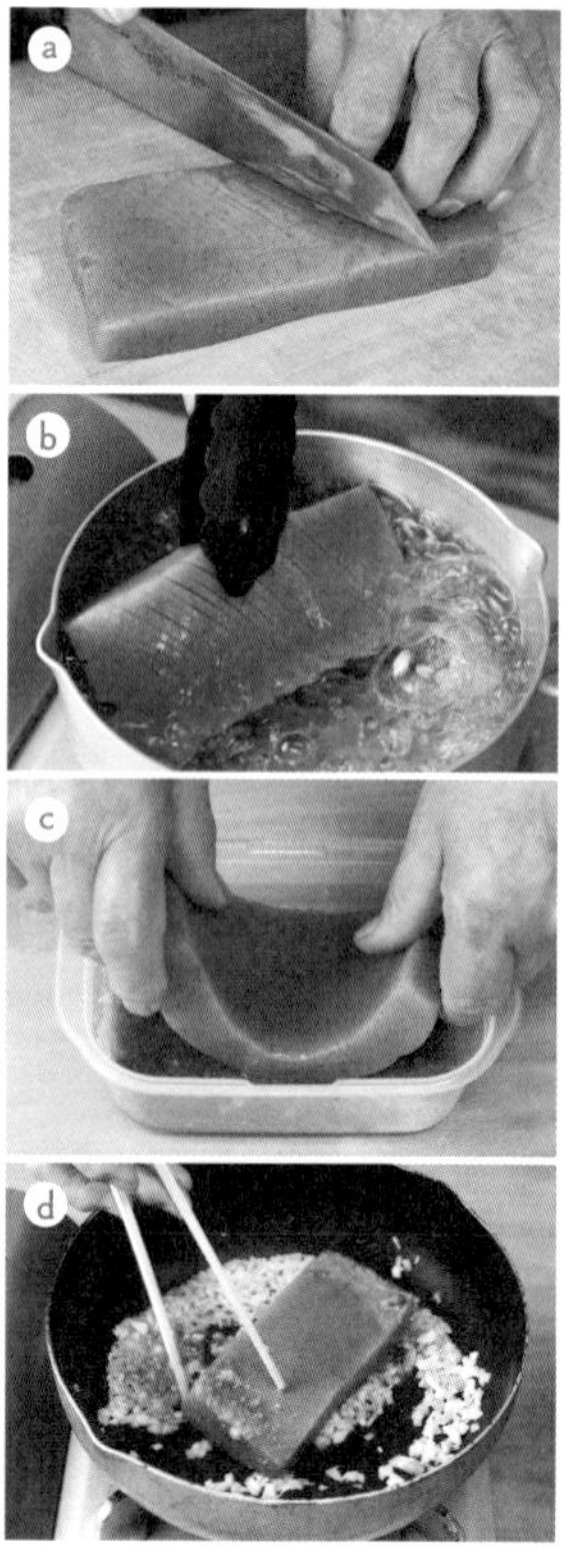

こんにゃくステーキ

ダイエットしたいときに

保存｜冷蔵で5日間

わらびの甘酢漬け

春の恵みを保存食に

春にしか手に入らない
わらびを保存食にしたいと、
甘酢漬けにする方法を考えました。
まず、アクを抜きますが、私は
灰を使う昔ながらのやり方でしています。
灰を使うとわらびが
やわらかくなり過ぎないからです。
灰が手に入りにくいなら食品用重曹で。
両方の方法を紹介しますね。

1 アクを抜く

[灰を使ったアク抜きの方法]

材料（作りやすい分量）

わらび… 5束
灰… 100g

作り方

1 わらびは洗い桶に入れ、灰をまぶす(a)。

2 わらびが浸かるぐらいの分量の熱湯をざっと注ぐ(b)。

3 落し蓋をして重石をのせ、一晩置く(c)。

Point » 2ℓ入りのペットボトルに水を入れ重石に使います。

4 重石と蓋を取って灰を落とし(d)、たっぷりの水でざっと洗ってざるにあげる。

5 ポリ袋にわらびを入れ、浸かるぐらいの水を入れる(e)。ポリ袋の中の空気を抜いて袋をねじって閉じ、冷凍室に入れる。

[重曹を使ったアク抜きの方法]

材料(作りやすい分量)

わらび… 5束
食品用重曹…5g

作り方

1 洗い桶にわらびとたっぷりの湯を入れ(a)、わらびにかからないように食品用重曹を入れる(b)。

2 以下は、59ページ[灰を使ったアク抜きの方法] 3〜5と同じにする。

保存 | 冷蔵で5日間
冷凍で6か月

旬が短いわらび、
下ごしらえして保存します

Point » 冷凍保存して解凍するときは、ポリ袋ごと水に浸して自然解凍させます。

2 甘酢漬けを作る

材料（作りやすい分量）

わらび（解凍したもの）… 400g
酢 … 300mℓ
砂糖 … 大さじ5
白だし … 大さじ2
だし昆布 … 5〜6cm
おろししょうが … 大さじ1

作り方

1 解凍したわらび（60ページ参照）は端の硬い部分を切り落とし、3cm長さに切る（a）。だし昆布はキッチンばさみで細切りにする。

2 密閉容器にわらび、だし昆布、砂糖、おろししょうがを入れ（b）、酢を砂糖を溶かすように回し入れ、白だしを加える（c）。

3 ラップをわらびに密着させて覆い、味をしみこませる（d）。

Point » 空気が遮断され味がしみこみやすくなります。

保存 | 冷蔵で1週間

晩春のやさしい味に癒される

淡竹《はちく》の煮つけ

春は、孟宗竹《もうそうだけ》、真竹《まだけ》、淡竹と
いろいろな種類の
たけのこが次々に採れ、
楽しませてくれます。
比較的遅い時期に出る淡竹は
身がやわらかく、煮つけると
春を惜しむ一品になります。

ご近所さんから
届けられた
採れたての
淡竹です

1 淡竹の下ごしらえ

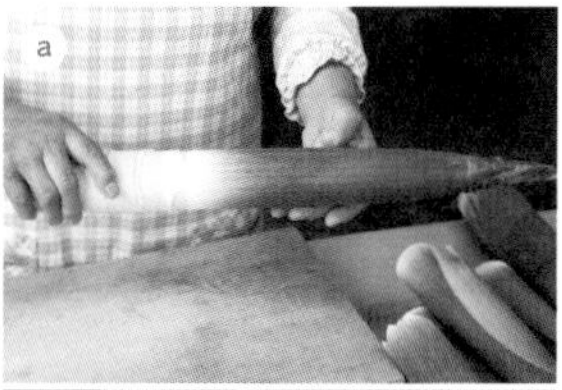

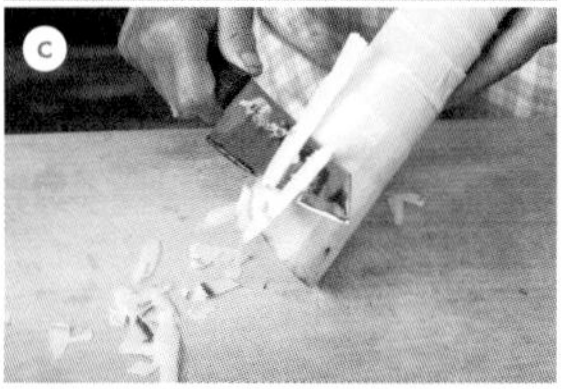

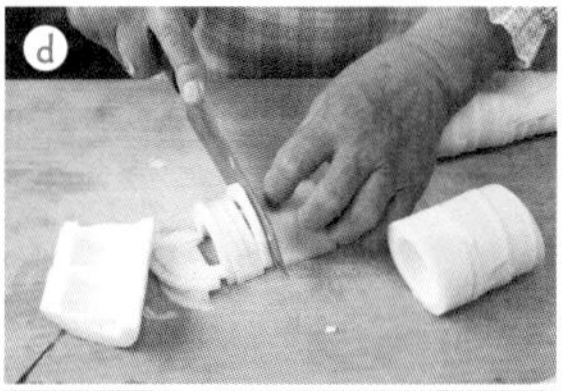

材料（作りやすい分量）

淡竹 … 適量

作り方

1 淡竹は根元に切りこみを入れて皮をむき（a）、先を約10cm切り落とす（b）。

2 根元の節の芽をそぎ落とす（c）。根元部分は約8mm幅に切り（d）、先の方は縦に幅約8mmに切る。

3 鍋にたっぷりの水、淡竹を入れ、やわらかくなるまで約15分、ゆでる（e）。

4 ゆで上がったら（f）、鍋に流水を注いで、水洗いする。

5 ボウルに移し、再度、流水で洗う（g）。

6 ざるにあげる。

2 淡竹を煮つけて保存する

この淡竹は、山で
大事に育てられました

材料（作りやすい分量）

- 淡竹（ゆでたもの）… 300g
- 水 … 150mℓ
- 和風だしの素 … 小さじ1
- 酒 … 大さじ1
- しょうゆ、砂糖 … 各大さじ2

作り方

7 鍋に水、和風だしの素、酒、しょうゆ、砂糖、淡竹を入れて火にかける。

8 汁が沸騰するまでは強火、沸騰したら中火にし、蓋をして7～8分煮て冷ます（h）。

9 粗熱がとれたらポリ袋に移す（i）。

10 ポリ袋の空気を抜き（j）、袋を閉じる（k）。

保存｜冷蔵で4日間
冷凍で1か月

h

i

j

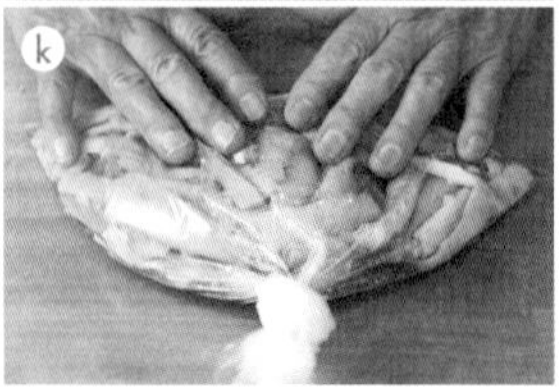
k

食物繊維がたっぷり

漬け物を具にしたサンドイッチは、
テレビでも紹介された私の自慢レシピ。
昔はよくこれを作って田んぼに持って行き、
農作業の合間に食べたものです。
家の漬け物を挟むだけなので簡単。
野菜がたくさん食べられます。

材料（作りやすい分量）

食パン（８枚切り）… ２枚
春キャベツ … 1/6個
にんじん … 10g
レタス … １～２枚
塩 … 小さじ½
きゅうり … ½本
マヨネーズ … 大さじ½
マスタード … 小さじ１
スライスハム … １枚
「新たまねぎのレモン漬け」（14ページ参照）、
「春キャベツのからし漬け」（18ページ参照）、
「なすのからし漬け」（23ページ参照）…各適量
パセリ…適宜

作り方

1 キャベツ、にんじんはそれぞれせん切りにする。レタスは適当な大きさにちぎる。ポリ袋に入れ、塩を入れて軽く混ぜる（a）。きゅうりは斜め薄切りにする。

2 パン１枚にマヨネーズを塗り、ハムをのせる。別の１枚にマスタードを塗る（b）。

3 マスタードを塗ったパンに１、きゅうり、「新たまねぎのレモン漬け」、「春キャベツのからし漬け」、「なすのからし漬け」をのせる（c）。ハムをのせたパンを裏返してのせ、ラップで全体を包む（d）。

4 ラップをしたまま半分に切り、盛ってパセリを飾る。食べるときにラップを外す。

漬け物のサンドイッチ

野菜がたっぷり食べられる

ふりかけ4種

たくさん採れた野菜、
だしを取った後の
削りぶし、梅干しを
漬けた後のしそ……。
自然の恵みは余す
ところなく使い切って
おいしいものを作りたいもの。
ここに紹介するのは素材をムダなく
使って作るふりかけ。ご飯のお供に、
お茶漬け、おにぎりの具など
さまざまに使えて、栄養もたっぷりです。

ゆかりのふりかけ
→69ページ

かつおぶしとちりめんじゃこの
ふりかけ→70ページ

だしがらのふりかけ
→74ページ

大根葉とじゃこのふりかけ
→72ページ

梅干しの赤じそを利用した

ゆかりのふりかけ

私は毎年、梅干しを漬けています。

使い終えた後の赤じそはふりかけにして再利用。

赤じそに梅のエキスがしみこみ、ほどよく塩分と酢の酸味が残り、いい味わいのふりかけができます。

かき揚げの具に混ぜたり、たけのこを炊くときの風味づけとしても使っています。

材料（作りやすい分量）

- 赤じそ（梅干しを漬けるときに使ったもの）… 適量

作り方

1 梅干しを漬けるときに使った赤じそをキッチンペーパーを敷いたざるにのせ、約1日間、水分が抜けてカラカラになるまで天日干しにする（a）。

Point » 赤しそがない場合は、市販の赤しそ漬けを使ってもいいでしょう。

2 フードプロセッサーにかけ、粉砕する（b）。

a

b

保存 | 常温または冷蔵で1年
（乾燥剤を入れておくと安心です）

アミノ酸、カルシウムが摂れる

かつおぶしと ちりめんじゃこの ふりかけ

材料（作りやすい分量）

しょうゆ、みりん、酢 … 各100mℓ
砂糖 … 200g
塩昆布、かつお削りぶし、ちりめんじゃこ
… 各100g
白炒りごま … 40g

作り方

1 ボウルに、しょうゆ、みりん、酢を入れて混ぜ、砂糖を加えて混ぜる（a）。

2 塩昆布を入れ（b）、ほぐすように混ぜ、かつお削りぶしを加えて混ぜる（c）。

3 ちりめんじゃこ、白炒りごまを入れて混ぜる（d）。

Point » ちりめんじゃこはしょうゆを入れた後に入れます。こうすると、ちりめんじゃこにしょうゆがしみ込み過ぎず、全体の味のバランスがとれます。

これは、私が27歳のときに
考えたふりかけ。
農協のレシピコンテストに
応募したら香川県代表に選ばれ、
さらに全国大会で3位に入賞した
思い出深いレシピです。
忙しいときは、ご飯にこのふりかけと
季節の漬け物を添えるだけでも
栄養バランスのいい食事になります。

保存｜冷蔵で1年

ビタミン、カルシウムたっぷり

大根葉とちりめんじゃこのふりかけ

材料(作りやすい分量)

- 大根の葉 … 大根2本分
- しょうが … 10g
- 塩 … 小さじ1
- 赤とうがらし … 1本
- ごま油 … 小さじ2
- かつお削りぶし … 10g
- みりん、しょうゆ、酒 … 各大さじ1
- ちりめんじゃこ … 40g
- 白炒りごま … 大さじ1

作り方

1 大根の葉はざるにのせ、しんなりするまで日に干す。

2 1を5㎜幅の小口切りにする(a)。しょうがは皮つきのまません切りにする。赤とうがらしは種を取って小口切りにする。

3 ポリ袋に大根の葉、塩を入れ、袋ごと手で揉んでしんなりさせる(b)。まだ水分が出るようなら絞り出す。

4 フライパンにごま油、大根の葉を入れて火をつけ、中火でカラカラになるまで炒る。

5 しょうがを入れ、弱火でさらに炒る(c)。

6 かつお削りぶし、みりん、しょうゆを入れてなじませ、ちりめんじゃこ、ごま、赤とうがらしを加えてさっくりと混ぜる(d)。

ビタミン、カルシウム
たっぷりのふりかけ。
だしを取った後の
残りの削りぶしを使えば
節約になります。
具材の水分を飛ばしつつ、
焦がさないように
ていねいに炒るのが
おいしく作るポイントです。

保存 | 冷蔵で5日間

「もったいない精神」で作る

だしがらのふりかけ

だしを取った後の削りぶし。
捨てるのはもったいないので、ふりかけにしました。
刻んだだしがら昆布、山椒の実、鮭フレークを
入れてもおいしくいただけます。

保存 | 常温または冷蔵で1か月

材料（作りやすい分量）

かつお削りぶし … 60g
酒、みりん、白炒りごま … 各大さじ3
しょうゆ … 大さじ6

作り方

1 かつお削りぶしはフードプロセッサーにかけ粗めに粉砕する（a）。
Point » 包丁で細かく切ってもいいでしょう。

2 フライパンを中火にかけ、1を入れ、焦がさないように炒る（b）。水分が飛んでカラカラになったら火を止める。

3 酒、みりん、しょうゆを合わせて2に入れ、再度火をつけ、弱火で水分を飛ばしながら炒りつける（c）。

4 少ししっとりするぐらいになったら火を止め、白炒りごまをふって混ぜる。

2章

やさしい味つけで 魚、肉、卵、豆を生かす

魚、肉、卵などの動物性たんぱく質、
大豆などの植物性たんぱく質、
ご飯の炭水化物や海藻類のミネラル…。
どれも元気に過ごすために必要な栄養です。
素材の味を生かして調理した、
日持ちしやすいおかずを紹介します。

鮭の塩麹漬け

麹の力で
アンチエイジング

塩麹には体をサビさせない働きがあり、老化を防ぎます。
また、具材を塩麹に漬けて焼くと、麹に含まれる酵素の働きでふっくらやわらかく、おいしく仕上がります。
塩の働きで鮭の水分が吸収され、麹が細菌の増殖を防ぐため比較的、長期に保存できます。

材料（作りやすい分量）

- 生鮭 … 6切れ
- 塩麹（市販品）… 1パック
- レモン、パセリ … 適宜

作り方

1 密閉容器に塩麹を薄く敷き、ガーゼをのせ、鮭2切れを並べる。

2 上から鮭が隠れるぐらいの量の塩麹をのせ(a)、ガーゼをかぶせた上に鮭2切れをのせる。

3 同じように塩麹、ガーゼ、鮭2切れと重ね、残りの塩麹を入れてガーゼをかぶせ、蓋をして1日置く(b)。

Point » ガーゼをのせるのは余分な塩麹をしみこませないため。ガーゼがない場合はキッチンペーパーで代用しても。

4 鮭を取り出して、余分な塩麹を取り除き(c)、フライパンに水少々（分量外）を入れてクッキングペーパーを敷き、鮭をのせる。蓋をして弱めの中火で表裏焼いて火を通す(d)。器に盛り、好みでくし形切りにしたレモン、パセリを添える。

Point » 鮭は少し焦げ目がつくぐらいに焼くとおいしいです。

保存 | 冷蔵で5日間
冷凍で1か月

骨や歯をいつまでも丈夫に保ちたいなら、
カルシウムを摂りましょう。
魚を骨ごと食べられる南蛮漬けは
カルシウム補給にはうってつけ。
野菜もたっぷり食べられるので、
体の調子も整います。

材料（作りやすい分量）

あじ（頭と内臓を取ったもの）… 小７尾
きゅうり … ２本
たまねぎ … １個
水 … 75mℓ
酢 … 150mℓ
しょうゆ … 大さじ１
砂糖 … 大さじ２
かたくり粉 … 大さじ１½
赤とうがらし … 少々
揚げ油 … 適量

作り方

1 きゅうりはスティック状に切る。たまねぎは薄切りにする。

2 鍋に水、酢、しょうゆ、砂糖を入れて火にかけ、一煮立ちしたら火を止め、きゅうり、たまねぎを入れる（a）。容器に移し粗熱を取る。

3 あじはキッチンペーパーで水分を取る。ポリ袋にかたくり粉、あじを入れ混ぜる（b）。

4 フライパンに油を入れて170℃に熱し、あじを入れて約５分、途中で裏返しながら揚げる（c）。

5 あじを取り出し、油を切らずに２に入れる（d）。赤とうがらしをキッチンばさみで種を取りながら小口切りにして入れる。

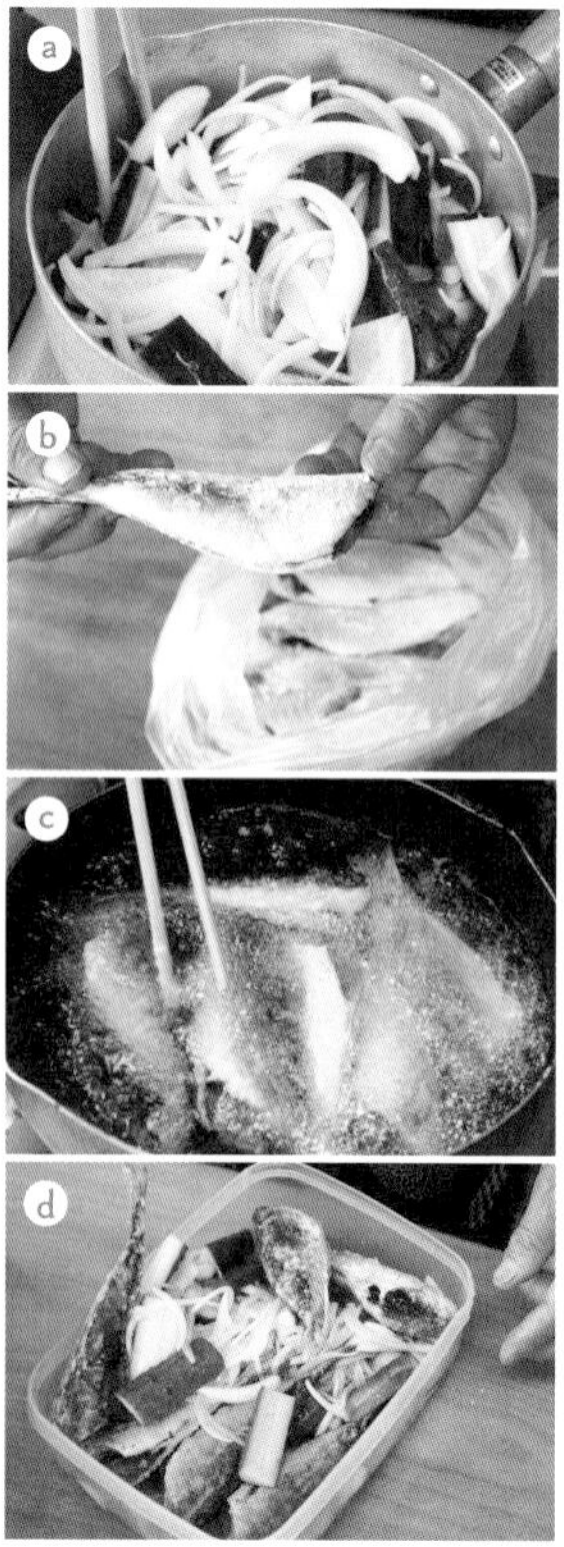

保存 | 冷蔵で５日間

あじの南蛮漬け

カルシウムがしっかり摂れる

動物性たんぱく質、鉄分などの
ミネラルを豊富に含む牛肉は、
貧血予防や疲労回復に効き目があります。
しぐれ煮にして冷蔵庫に常備しておけば、
牛丼にしたり、炒飯の具にするなどして
手軽に使えます。

材料（作りやすい分量）

- 牛バラ薄切り肉 … 400g
- しょうが … 1～2かけ
- サラダ油 … 少量
- 酒、砂糖、しょうゆ … 各大さじ4
- みりん … 大さじ2
- 細ねぎ … 適量

作り方

1 牛肉は小さく切る(a)。しょうがは皮つきのまません切りにする。細ねぎは小口切りにする。

2 フライパンにサラダ油を入れて熱し、しょうがを炒め、香りがたったら牛肉を入れて中火で炒める(b)。

3 牛肉の色が変わったら弱火にし、酒、みりん、砂糖、しょうゆを入れ、煮汁が少なくなるまで煮る(c)。盛りつけて細ねぎをのせる。

Point » 煮汁がなくなるまで煮るとパサつきます。少し汁気を残すとよいでしょう。

保存｜冷蔵で8日間
冷凍で1か月

牛肉のしぐれ煮

鉄分を補給して
貧血を防ぐ

肉だんご

子どもも大人も
大好き

たくさん作っておくと夕食のおかずに、
お弁当にと便利に使える肉だんご。
生地をしっかり粘り気が出るまでこねると、
ふわふわに仕上がります。
シンプルな甘酢たれで
さっぱりといただきましょう。

材料（作りやすい分量）

- 合いびき肉 … 300g
- 酒 … 大さじ1
- パン粉 … 20g
- かたくり粉 … 大さじ1
- こしょう … 少々
- しょうがの絞り汁、またはチューブ入りしょうが … 小さじ2
- 卵 … 1個
- 揚げ油 … 適量
- 酢、砂糖、しょうゆ … 各大さじ5
- 水溶きかたくり粉（水、かたくり粉 … 各大さじ1）

作り方

1 ボウルにひき肉、酒、パン粉、かたくり粉、こしょう、しょうがの絞り汁を入れ、卵を割り入れて粘り気が出るまで混ぜる（a）。

2 フライパンに油を入れて約160℃に熱し、1をスプーンですくって落とし入れ、中に火が通るまで揚げる（b）。

3 別のフライパンに酢、砂糖、しょうゆを入れて火にかけ、一煮立ちしたら、2の肉だんごを入れ、弱火にしてたれとからめる（c）。

4 水溶きかたくり粉を回し入れ、とろみがついたら火を止める（d）。

保存｜冷蔵で5日間
冷凍で1か月

これを作り置きしておくと、
「晩ご飯のメインおかずがないな」
というときに助かります。
ここではしょうが焼き用の
豚肉を使いましたが、
ステーキ用の豚肉や
鶏もも肉・むね肉でも。

材料（作りやすい分量）

豚ロースしょうが焼き用肉
… 6 枚（250g）
みそ … 200g
酒 … 大さじ 2
リーフレタス … 適宜

作り方

1 ボウルにみそと酒を入れ、混ぜる。

2 密閉容器に薄く 1 のみそを敷き、ガーゼをのせ、豚肉 2 枚をのせる（a）。

Point » ステーキ用の厚い肉を漬ける場合は、筋切りしてから漬けましょう。

3 上から豚肉が隠れるぐらいの量のみそをのせ（b）、ガーゼをかぶせた上に豚肉 2 枚をのせる。

4 同じようにみそ、ガーゼ、豚肉 2 切れの順に重ね、残りのみそを入れてガーゼまたはキッチンペーパーをかぶせ（c）、蓋をして 1 日置く。

5 豚肉を取り出して、余分なみそを取り除き、フライパンに水少々（分量外）入れてクッキングペーパーを敷いて豚肉をのせ、蓋をして弱めの中火で蓋をしながら表裏焼いて火を通す（d）。リーフレタスを敷いた器に盛る。

保存
冷蔵で5日間
冷凍で1か月

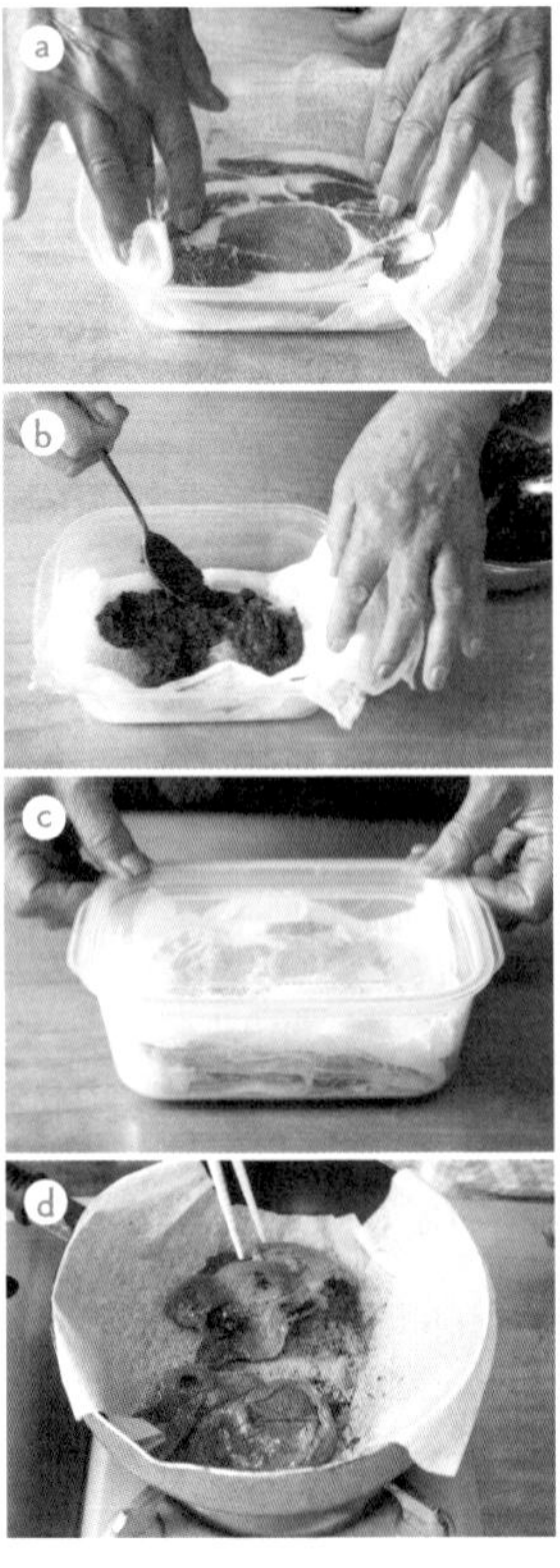

豚肉のみそ漬け

ビタミンB_1で疲労回復

豚肉の角煮

コラーゲンで美肌作り

コラーゲンたっぷりの豚バラ肉は
美肌のためには欠かせない食材。
口の中でほろほろと溶ける
おいしい角煮を、鍋とフライパンで
簡単に作る方法を紹介します。
たくさん作ってもすぐになくなる
わが家の人気レシピです。

材料（作りやすい分量）

豚バラ肉（かたまり肉）… 600g
しょうが … 1かけ
酒 … 115mℓ
水 … 400mℓ
砂糖、みりん … 各大さじ2
しょうゆ … 大さじ1½
黒糖 …（好みで）大さじ1

作り方

1 しょうがは皮つきのまま薄切りにする。鍋に豚バラ肉、しょうがを入れ、豚肉がかぶるぐらいの量の水を注ぐ。酒100mℓを入れ、アルミホイルにシワを寄せて落とし蓋にして火にかけ、さらに鍋の蓋をして強火で沸騰させる（a）。

2 沸騰したら弱めの中火にし、約90分煮る（b）。鍋ごと常温で一晩置く。

3 固まった脂を取り除く（c）。豚肉をざるにあげ、熱湯を回しかけて豚肉周辺の脂を落とす。豚肉を4等分に切る。

4 フライパンに水、砂糖、みりん、しょうゆ、酒大さじ1、豚肉を入れ、アルミホイルを落とし蓋にして、さらにすき間を開けて鍋の蓋をして火にかけ、弱火で約30分、煮汁が少なくなるまで煮る（d）。途中、好みで黒糖を入れてもよい。

保存 | 冷蔵で5日間
冷凍で1か月

高たんぱくで比較的カロリーが少ない鶏肉に、
身近にある野菜やきのこなどを
炊き合わせました。
栄養バランス抜群で、ご飯物、炒め物など
何でも使えて便利です。

材料（作りやすい分量）

- 鶏もも肉 … 250g
- ごぼう、にんじん … 各100g
- しいたけ … ２枚
- 油揚げ … ½枚
- サラダ油、酒、みりん … 各大さじ１
- 砂糖 … 大さじ２½
- しょうゆ … 大さじ４½

作り方

1 鶏肉は小さく切る（a）。ごぼうはささがきにして水にさらしてアクを抜き、ざるにあげて水分を取る。にんじんは細切りにする。しいたけは乱切りにする。油揚げは細切りにする。

2 フライパンにサラダ油を熱し、鶏肉と油揚げを入れて炒め、鶏肉に火が通ったら、ごぼう、にんじん、しいたけを加えて炒める（b）。

3 全体に油が回ったら、酒、みりん、砂糖、しょうゆを入れ、中火で蓋をして汁気がなくなるまで煮る（c）。

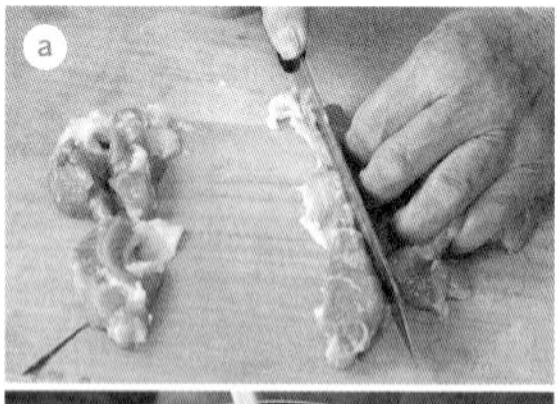

保存｜冷蔵で４日間
冷凍で１か月

鶏肉の五目煮

毎日献立を作るのは大変ですね。
忙しいとき、ちょっと疲れているときに
おすすめなのが肉と卵のそぼろ煮です。
あっという間にできて、
丼にしたら彩りもきれい。
子どもたちも大喜びします。

材料（作りやすい分量）

〈肉のそぼろ煮〉

豚ひき肉 … 200g

砂糖、酒、みりん、しょうゆ … 各大さじ2

しょうが … 1かけ

〈卵のそぼろ煮〉

卵 … 2個

マヨネーズ … 大さじ2

白だし … 小さじ1

みりん … 大さじ1

作り方

肉のそぼろ煮

1 しょうがはみじん切りにする。

2 フライパンに肉を入れて火にかけ、弱火で肉をほぐしながら炒る（a）。

3 肉の色が変わったら砂糖、しょうがを入れて混ぜ、肉としょうががなじんだら、酒、みりん、しょうゆを入れ（b）、汁気がなくなるまで煮る。

卵のそぼろ煮

1 ボウルに卵を割りほぐし、マヨネーズ（c）、白だし、みりんを入れて混ぜる。

2 フライパンに1を入れて火にかけ、弱火で泡立て器で混ぜ、火が通るまで炒る（d）。

保存｜冷蔵で4日間
冷凍で1か月

肉のそぼろ煮・卵のそぼろ煮

忙しいときに
さっと作れる

鶏飯おにぎり

これだけで栄養満点！

88〜89ページの「鶏肉の五目煮」を使っておにぎりを作りました。「鶏肉の五目煮」はおにぎりのほか、卵とじにしたり、野菜炒めの具としても利用できます。

材料（作りやすい分量）

温かいご飯、「鶏肉の五目煮」
（88〜89ページ参照）
…各適量

作り方

1 温かいご飯に「鶏肉の五目煮」を混ぜる（a）。

2 ラップを敷いた上に1をのせ、ラップごとにぎる（b）。好みの漬け物（分量外）を添えても。

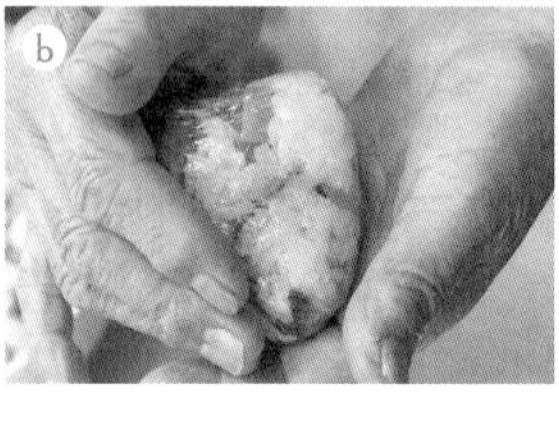

アレンジ

90〜91ページの「肉のそぼろ煮」「卵のそぼろ煮」を使って二色丼を作りました。

材料（作りやすい分量）

温かいご飯、
「肉のそぼろ煮」、「卵のそぼろ煮」、（90〜91ページ参照）
紅しょうが… 各適量

作り方

1 ご飯茶碗に温かいご飯を盛る。

2 「肉のそぼろ煮」、「卵のそぼろ煮」をそれぞれのせ、紅しょうがをのせる（a）。

ゆで卵のしょうゆ漬け

たんぱく質が手軽に摂れる

前著『田舎そば川原』恵美子さんの料理帖』で「煮卵」を紹介しています。

前回の煮卵がしっかり味つけをしたお惣菜向きなのに対し、これは比較的あっさりした味わい。

小腹がすいたときの軽食や、お茶うけに適しています。

材料（作りやすい分量）

- 卵 … 5個
- 塩、酢（ゆで用）… 各少々
- しょうゆ … 大さじ5
- 酒 … 大さじ2
- 砂糖 … 小さじ2
- おろしにんにく、おろししょうが … 各小さじ1

作り方

1 鍋に卵とかぶるぐらいの水、塩、酢を入れて（a）火にかけ強火で15分、固ゆでにする。

Point » 卵を1つ湯から上げ、表面からさっと湯が引いたら固ゆでになっています。

2 卵を氷水に入れて冷やし（b）、殻をむく。

3 卵をポリ袋に入れ、しょうゆ、酒、砂糖、にんにく、しょうがを加え、手で揉みこむ（c）。

4 袋の口を閉じ（d）、冷蔵庫で約1日間漬け込む。ときどき袋を回して卵を漬け汁になじませると均等に漬かる。

保存 | 冷蔵で4日間

私は以前からたんぱく質を中心に、
鉄分、食物繊維などの栄養を
万遍なく摂るようにし体調管理を
心がけています。この煮物は
それらが全部揃っていて、
私が頼りにしている元気の源です。
献立の箸休めの一品としても、
お弁当のおかずにもいいと思います。

材料（作りやすい分量）

- 乾燥ひじき … 10g
- 油揚げ … 1枚
- 大豆（ゆでたもの）… 120g
- オリーブ油、和風だしの素、酒、砂糖 … 各大さじ1
- 水 … 200㎖
- しょうゆ … 大さじ2
- みりん … 小さじ1

作り方

1. ひじきはたっぷりの水に約30分浸して戻す。油揚げは5㎜幅の細切りにする（a）。
2. フライパンにオリーブ油を熱し、ひじき、大豆、油揚げを入れ、中火で炒める（b）。
3. 具材に油が回ったら、水、だしの素を入れ、砂糖、みりん、酒、しょうゆの順に入れ（c）、強火にして水分を飛ばす。
4. 火を強めの中火にし、水分が少し残るぐらいまで煮る（d）。
5. 蓋をして火を止め、余熱で2～3分置いて味を含ませる。

保存｜冷蔵で5日間

ひじきと大豆の煮物

たんぱく質、鉄分、
食物繊維補給に

大豆には脂肪燃焼効果の高い
植物性たんぱく質が含まれ、
女性の若々しさを保つ成分がたっぷり。
腸の調子を整え、デトックス効果も期待できる
昆布と炊き合わせました。

材料（作りやすい分量）

- 大豆（ゆでたもの）… 120g
- 昆布 … 5㎝
- 水 … 200㎖
- はちみつ、砂糖、薄口しょうゆ … 各大さじ1
- 塩 … ひとつまみ

作り方

1 昆布はキッチンばさみで細切りにする。

2 鍋に水と昆布を入れ（a）、沸かす。

3 はちみつ、砂糖、薄口しょうゆ、塩、大豆を入れ、蓋をして中火で約18分、ときどき蓋を開けて様子を見ながら煮詰める（b）。

4 煮汁が少なくなったら（c）、火を止める。

保存 | 冷蔵で5日間

昆布大豆

植物性たんぱく質で脂肪を燃焼！

たれ・ドレッシング

何にでも使える
万能調味料

みそだれ

みそだれを手作りしましょう。
ふろふき大根に添えたり、ゆでたての
じゃがいもや、ふかしたさといもにつけて
食べるとおいしいですよ。
おでんのたれに使うと、おでんだねの
味がグンと引き立ちます。

材料（作りやすい分量）

- 白みそ … 250g
- ザラメ糖 … 200 g
- 砂糖 … 大さじ5 ½
- みりん、酒 … 各大さじ5
- 赤みそ、白炒りごま … 各大さじ1

作り方

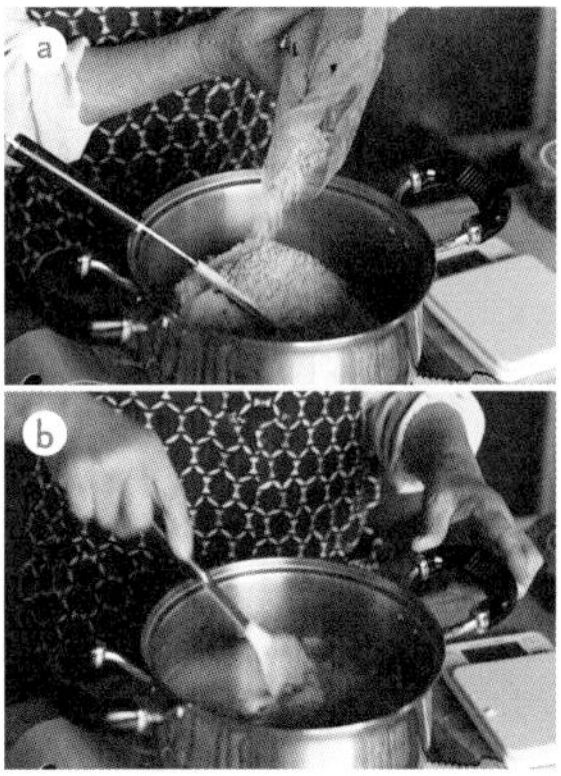

1 鍋に白みそ、ザラメ糖を入れ（a）、砂糖、みりん、酒を加えて中火にかけ、へらで混ぜてみそを溶かす。

Point » 2種類の砂糖を入れると味のバランスがとれます。

2 赤みそを加える。弱火にして焦げないようにゆっくり約30分混ぜ、煮詰める（b）。

3 ごまを入れ、火を止める。粗熱がとれたら容器に入れる。

保存 | **常温で1年**

15年ほど前、料理好きの友人と研究して作ったとっておきのたれです。と言っても材料をミキサーに入れるだけなので簡単。みその分量を多めにし、2種類のごまを入れて味に奥行きを出しました。肉料理だけではなく、野菜にも合う万能だれなので、バーベキューするときに持参したら活躍すること間違いなしです。

材料（作りやすい分量）

酒、みりん … 各100㎖
にんにく … 250g
たまねぎ … ½個
りんご … 1個
赤みそ … 400g
はちみつ … 大さじ1
しょうゆ … 500㎖
三温糖 … 500g
すりごま、白炒りごま … 各50g
七味とうがらし … 5g
ごま油 …（好みで）大さじ1
山椒（粉）、コチュジャン、
大葉の実 …（好みで）各適量

作り方

1 鍋に酒、みりんを入れて火にかける。沸騰したらすぐに火を止め、冷ます（a）。

2 にんにくは皮をむく。たまねぎは粗いみじん切りにする。りんごは皮つきのまますりおろし器ですりおろす。

3 ミキサーににんにくを入れ、粗めに砕く（b）。みそ、1、たまねぎ、はちみつ、しょうゆを入れて攪拌する。

Point » 入りきらないしょうゆは工程4で入れても。

4 ボウルに3を移し、三温糖、ごま、りんご、七味とうがらしを加えて混ぜる（c）。好みでごま油、山椒の粉、コチュジャン、大葉の実を入れても。

食卓、アウトドアで大活躍する

焼肉のたれ

保存｜冷蔵で6か月

タルタルソース

季節の素材を入れて
和風にしても

揚げ物、肉料理、魚料理など何でも使えて
具材の味を引き立てるタルタルソース。
今回はたまねぎと卵で作ってみました。
ここではパセリを入れましたが、
山椒の実の塩漬け、みょうが、梅干し、
らっきょうなど季節の素材を入れても
変化に富んだ味わいになります。

材料（作りやすい分量）

たまねぎ … ½個
パセリ … 適量
卵 … 1個
塩、酢（ゆで卵用）… 各少々
砂糖 … 小さじ1
マヨネーズ … 大さじ4〜5
塩、こしょう … 各少々
酢 … 大さじ1

作り方

1 たまねぎはみじん切りにして(a)、水にさらす。パセリはみじん切りにする(b)。

2 卵はたっぷりの水に塩、酢を入れて12〜13分ゆでる。ざく切りにしてボウルに入れる。

Point » 固ゆでと半熟の中間ぐらいにゆでると調味料となじみやすいでしょう。

3 2にたまねぎを入れ、砂糖、マヨネーズ(c)、塩、こしょう、酢を入れて混ぜる。

4 パセリをふり(d)、ざっくりと混ぜる。

保存｜冷蔵で1週間

これは私が健康でいるために頼りにしている
酢と梅干しを使ったドレッシング。
ちょっと疲れがたまったと感じたら、
ぜひどうぞ。血液サラサラ効果も期待できます。
今回のようにお豆腐にのせてもいいし、肉料理、
きゅうりもみに添えてもいいと思います。

材料（作りやすい分量）

たまねぎ … 2個
梅干し … 3～4個
塩 … 小さじ½
砂糖 … 小さじ2
酢、オリーブ油 … 各大さじ5
しょうゆ、ごま … 各大さじ1

作り方

1 たまねぎはみじん切りにする。梅干しは種を取り、包丁で刻んでペースト状にする(a)。

2 ボウルにたまねぎ、梅干しを入れて混ぜ、塩、砂糖、酢、しょうゆを入れ、ごまをひねりながら加えて混ぜる(b)。

3 オリーブ油を2～3回に分けて入れ、その都度混ぜる(c)。

Point » 分けて入れるのは酢と油が分離しないためです。

保存 | 冷蔵で3か月

梅ドレッシング

体調を整える
酢と梅干しの力

体がぽかぽか温まる

にんにくしょうゆ

にんにくを摂ると体が温まり元気になります。にんにくを切って漬ける方法と、すりおろす方法、どちらも漬けているうちににんにくの臭みはなくなります。

上は漬けたばかりの「にんにくしょうゆ」。手前右は熟成されたにんにく。

材料（作りやすい分量）

- にんにく…200ｇ
- しょうゆ…400mℓ

作り方　**[切って漬ける場合]**

1 にんにくは薄皮をむき、縦に薄切りにする。

2 密閉容器に1を入れ、しょうゆを注ぐ（a）。

Point » 3か月置いてにんにくが熟成したら、上の写真のように、にんにくとしょうゆを分けて使っても。にんにくは煮魚にのせると風味づけに。しょうゆは炒め物の香りづけになります。

a

作り方　**[すりおろす場合]**

1 にんにくはすりおろし器ですりおろす（b）。

2 密閉容器ににんにくを入れ、しょうゆを注ぐ（c）。

b

c

保存｜**常温で1年**

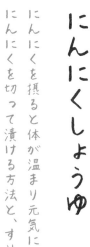

3章

安心安全な
おやつを作りおき

物のない時代、身近にある材料で
子どもたちに作ってあげたおやつは、
添加物とは無縁の体にやさしいものばかりです。
庭先で育った果実を利用した
ジャムやシロップも季節の宝物。
今こそ、心を込めて手作りを！

梅シロップ

乳酸菌の力で
免疫力アップ！

「梅はその日の難逃れ」と言われ、
疲れた体を癒す効果があるとされています。
私は梅の時期には必ずシロップを作ります。
今回は、早く漬かる秘訣も紹介しますね。

保存｜常温または冷蔵で1年

材料（作りやすい分量）

青梅、氷砂糖 … 各1kg
ホワイトリカー … 大さじ１½

作り方

1 青梅は鉄串などでヘタをとり除き（a）、水を取り替えて３回ほど洗う。

2 ざるに上げ、乾いたふきんで梅を1個ずつ拭いて完全に水分をとり除く。

3 保存用瓶に熱湯を注いで消毒し（b）、蓋を煮沸消毒し、消毒用アルコールを吹きつけて消毒する（c）。

Point » 保存用ガラス瓶が鍋に入りきられない場合は、煮沸ではなくこのような方法で消毒してもいいでしょう。

4 瓶に青梅、氷砂糖を約⅓量ずつ交互に重ねて入れる。ホワイトリカーを注ぎ入れ（d）、蓋をして約３か月置く。

短時間で抽出する方法

梅を切り取ってから漬けると、断面が大きくなり、エキスが早く抽出できます。「この方法があったのですね」と多くの方から反響がありました。

作り方　1 ～ 3 の工程は同じ。

4 で梅を入れるとき、包丁で表面から中心に向かって切り込みを入れて切り取り（a）、両方をガラス瓶に入れる（b）。約２日でエキスが抽出され、飲むことができる。

金柑のジャム

砂糖不使用で
カロリーオフ

春先、わが家の庭先に実る金柑でジャムを作ります。砂糖を使わず、蒸して作るので金柑の自然の甘味とほろ苦い味わいが楽しめます。お湯や炭酸水で割って飲んでもいいでしょう。

材料（作りやすい分量）

- 金柑…200g
- レモン絞り汁…大さじ3～4
- 赤とうがらし…1～2本
- 酒…大さじ2

作り方

1 金柑はヘタを取って洗う。横に2つに切り、妻楊枝を使って種を取り除く(a)。レモンは絞り、種を取り除く。

2 蒸し器の水槽に水を張り、クッキングシートをせいろの底から側面まで敷く。金柑を入れて水分が漏れないように包みこむ(b)。赤とうがらしをのせる。

Point » 赤とうがらしを入れるのは匂い消しのためです。

3 強火で10～15分、金柑がやわらかくなるまで蒸して火を止める(c)。

4 3をクッキングシートごと取り出して、赤とうがらしを除き、金柑を蒸して出た水分ごとフードプロセッサーに移し、レモン汁を入れて攪拌する(d)。ボウルに移し、酒を入れて混ぜる。冷凍室で一度固める。

保存 | 冷蔵で1か月
冷凍で3か月

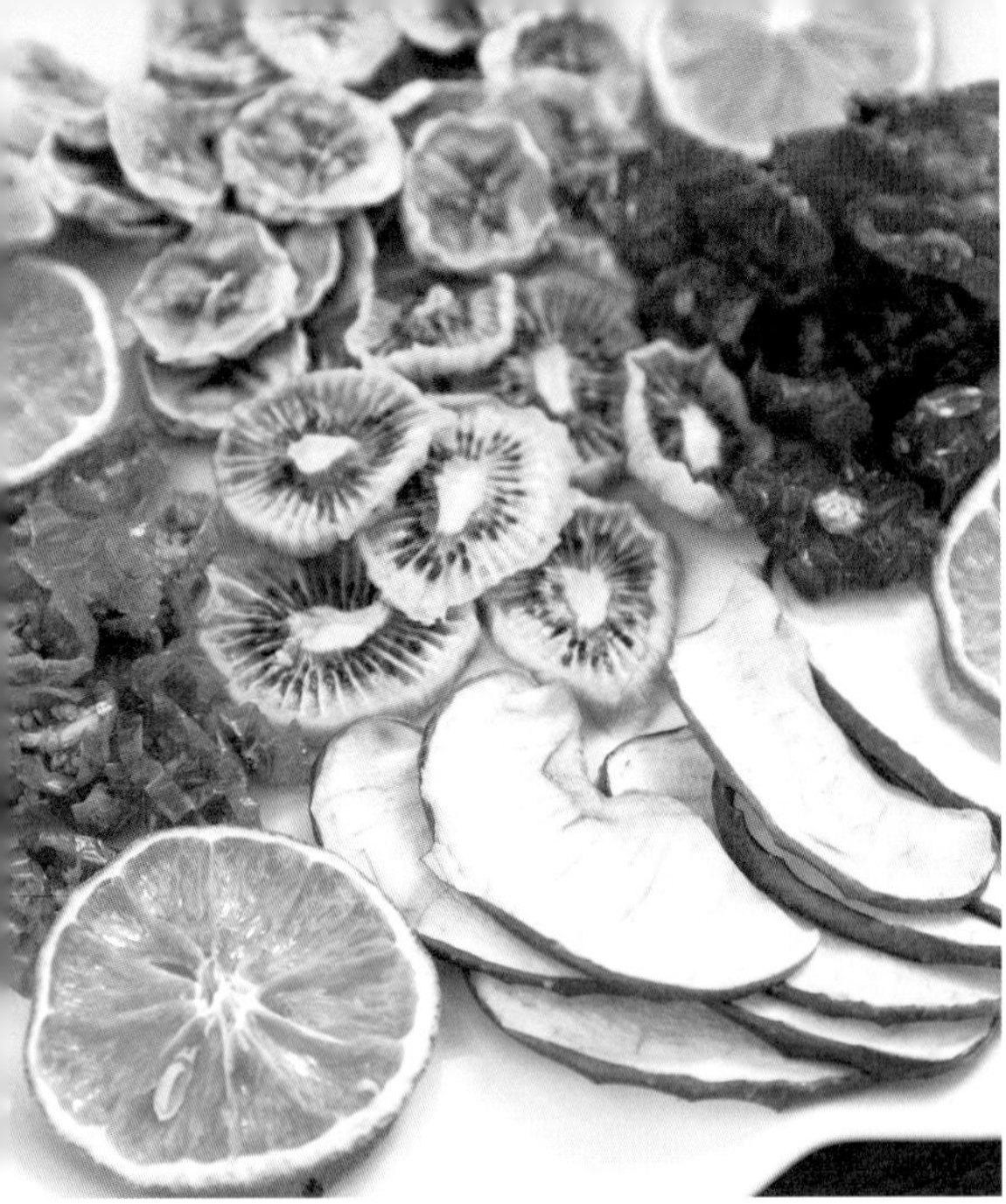

ドライフルーツ

天日干しにして、栄養が凝縮される

食べきれないほど旬の果物が手に入ったら、日に干してドライフルーツを作ります。ヨーグルトやシリアルに入れたり、フルーツケーキに使っても。7〜8月の湿気のない晴れた日がチャンスです。

材料（作りやすい分量）

みかん、バナナ、キウイ、りんご、
ミニトマト … 各適量

Point » すいか、メロンなど水分量が多い果物は適しません。オクラ、ゴーヤ、ピーマン、まくわうりなどの野菜も干してみてください。

作り方

1 みかんはヘタを取り、5㎜幅の薄切りにする。バナナ、キウイは皮をむき5㎜幅の輪切りにする。りんごは皮つきのまま4つ割りして5㎜幅の薄切りにする（a）。ミニトマトは半分に切り、楊枝で種を除く（b）。

2 網に1を1枚ずつ重ならないように広げ、乾燥するまで日に干す（c）。

保存 | 冷蔵で3か月

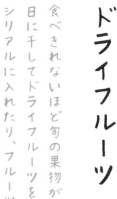

フルーツサラダ

すりおろしりんごで腸活を

りんごをたっぷり使った甘めのドレッシングで食べる、おやつ感覚のサラダ。ビタミン、食物繊維が豊富でデトックス効果が期待できます。

材料（作りやすい分量）

- 春キャベツ … 400g
- 果物（いちご、キウイ、みかん、バナナ、りんごなど）… 好みで各適量
- ミニトマト…適量
- ドレッシング（りんご½個、酢大さじ2、オリーブ油大さじ1、砂糖小さじ1、塩、こしょう各少々）

保存｜冷蔵で3日間

作り方

1 キャベツは1㎝幅のざく切りにする（a）。いちごは縦半分に、キウイは半月切りに。バナナは斜め切りに、みかん、ミニトマトは半分に切る。全部をボウルに入れる。

2 ボウルに、すりおろしたりんご、酢、砂糖、塩、こしょう、オリーブ油を入れ（b）、混ぜる。

3 1に2を入れて混ぜ（c）、縦半分に切ったミニトマトをのせる。

気軽なおやつにぴったりのいもけんぴ。いろいろ試した結果、さつまいもを2種類使うとおいしくなるということがわかりました。今回はカリカリ食感の坂出金時とサクサク食感の紅あずまを使って2つの味を楽しみます。

材料（作りやすい分量）

さつまいも（好みで2品種）
…工程2で天日干しした状態で、
合わせて200g
揚げ油…適量
グラニュー糖…大さじ3
水…大さじ2
黒炒りごま…適量

作り方

1 さつまいもは皮つきのまま縦半分に切り繊維に沿って2〜3㎜の棒状に切り（a）、約5分、水にさらしてアクを抜き、キッチンペーパーで水分を取る。

2 バットに広げ、約1時間、天日に干す。

3 フライパンにさつまいも、さつまいもが浸かるぐらいの油を入れて熱し、いもの周りに泡が出てきたら中火にし（b）、焼き色がつくまで揚げる。焼き色が均等につくように箸でひと混ぜしてざるに上げる（c）。

4 別のフライパンにグラニュー糖、水を入れて火にかけ、鍋を回しながら混ぜる（d）。泡が小さくなったらさつまいもを入れてからめる。汁気がなくなったら火を止め、黒ごまを入れて混ぜる。

5 クッキングシートを敷いたバットに重ならないように並べて冷ます。

a b c d

保存｜常温で4日間
冷蔵で7日間

食物繊維たっぷりの
スナック感覚おやつ

いもけんぴ

蒸しパン

はちみつ入りの生地に
ナッツ・ごま・レーズン
をのせて

保存｜常温または冷蔵で2日間

2人の息子が小さいときから作っている蒸しパンです。もう50年以上も作っていることになりますね。素朴なおやつと思われるかもしれませんが、物のない時代は贅沢なお菓子として喜ばれていました。もっちりとした食感で、生地に酢が入っているのでさっぱりした味わいです。

材料（直径9cm×深さ3cmのカップ7個分）

- 薄力粉 … 150g
- 食品用重曹 … 10g
- 卵 … 1個
- オリーブ油（またはサラダ油）… 大さじ1
- 牛乳 … 100mℓ
- 砂糖 … 100g
- はちみつ … 大さじ1½
- 酢 … 大さじ3
- ナッツ（好みでカシューナッツ、マカデミアナッツ、くるみなど）、好みでごま、レーズン … 各適量

作り方

1 ナッツの一部はフードプロセッサーにかけて粉砕する。

2 ボウルに薄力粉、重曹をふるい入れる。

3 別のボウルに卵を割り入れ、オリーブ油、牛乳、砂糖、はちみつ、酢を加えて（a）、混ぜる。

4 2に3を入れて混ぜ（b）、約5分置く。

5 蒸し器の水槽にたっぷりの水を入れ、せいろにクッキングシートを敷く。ケーキ用アルミホイルを置き、7～8分目まで生地を流し入れる（c）。

6 蓋をして火にかけ、強火で1～2分加熱し、ナッツ、ごま、レーズン、1をのせる（d）。

Point » トッピングが生地の中に沈まないよう、少し加熱した段階でのせます。

7 12～13分加熱し、生地に竹串を刺し、生地がついてこなかったら火を止める。蓋をして1～2分置き、余熱で火を通す。

砂糖を控えめにし、
塩味を多めに入れた甘じょっぱいあんこです。
体の塩分が不足しがちな真夏に食べると
夏バテ知らずで過ごせます。
おもちと一緒に食べたり、
アイスクリームに添えてどうぞ。

材料（作りやすい分量）

小豆…300g
砂糖…150g
塩…約小さじ3

作り方

1 小豆は洗って、鍋に小豆がかぶるぐらいの水を張り、一晩置く。

2 鍋を強火にかけ、蓋をしないで沸かし、ひと煮立ちしたら火を止め、ざるにあげる。

3 小豆を鍋に戻し、小豆がかぶり、空気に触れない程度の分量の水を入れる。

4 強火にかけ、蓋をしないで炊く。沸騰したら1～2分炊き、中火にしてアクを取り除きながら炊く。小豆が表面に出るようなら水を足し、小豆がかぶるぐらいの水量で約40分、豆を1粒取り出して指で潰し、軽く触って潰れる程度にやわらかくなるまで煮る(a)。再度、強火にかけてぐらぐらと沸騰させたら、火を止めて少し置く。小豆の煮汁は捨てずに鍋に入れたままにする。

5 熱いうちに砂糖を入れてへらで小豆を潰しながら混ぜ、塩小さじ1を入れ、マッシャーで小豆を潰す。この時点で小豆の3～4割が潰れて身が出ているぐらいに潰す(b)。

6 粗熱が取れるまで置く。小豆が人肌ぐらいの温度になってとろみがついたら(c)、塩小さじ2を入れて混ぜる。塩の量は好みで加減する。冷蔵室で一晩置き、再度、煮詰めながらへらで潰す(d)。

塩あん

甘いのに塩分補給が
できて夏もおすすめ

保存｜常温または冷蔵で3日間
冷凍で6か月

恵美ちゃんだんご

地元に多くの工事現場があり、たくさんの職人さんたちが仕事をしていた時代。私は編み物教室で講師として働いていました。そこに腹巻の注文が来て編んでいました（当時の職人さんたちはニッカボッカに腹巻というい で立ちでした）。そのときにおすそ分けしていたおやつがこのおだんごです。

植物性たんぱく質、ビタミンB・Cが豊富な空豆をあんに

保存｜常温または冷蔵で3日間
冷凍で2週間

材料（作りやすい分量）

〈うぐいすあん〉

空豆（むき身）… 200g（さやつきだと400g）

砂糖 … 70g

水 … 50mℓ

塩 … ひとつまみ

〈だんご〉

もち米 … 3合

水 … 540mℓ

青きな粉（青大豆で作られたきな粉）… 30g

砂糖 … 大さじ1

作り方

1 もち米を炊き、炊き上がったらへらで潰す。

2 うぐいすあんを作る。鍋にたっぷりの水を沸かし、さやから出した空豆を約10分ゆでる（a）。網杓子ですくい、水を張ったボウルに入れて冷やし、ざるにあげる。

3 フードプロセッサーに皮をむいた空豆、砂糖、水を入れ、潰す（b）。

Point » 粒が残るぐらいに粗目に潰すと食感が出ます。フードプロセッサーが回る程度の水を入れ、やわらかさを加減してください。

4 鍋に3を入れて火にかけ、弱めの中火で混ぜながら煮る（c）。鍋のふちがふつふつしてきたら、塩を入れて混ぜ、冷ます。

5 バットに青きな粉と砂糖を混ぜて敷く。

6 1に4の½量を混ぜる（d）。

7 6の適量を取って手で伸ばし、残りのあんを適量ずつ入れて包み、成形する（e）。5に転がしてまぶす。

お世話になっている皆さま

「田舎そば川原」はたくさんの人のお力でなりたっています。

幸南食糧さん

米穀食品メーカー、幸南食糧株式会社（大阪府松原市）の取締役会長・川西修さんは、まんのう町出身で、私が尊敬している方です。同郷のご縁から、この本でも紹介している「鶏肉の五目煮」（88ページ）を使ったご飯や赤飯、おかゆ等を開発中です。

こちらは、常務取締役の福田廣喜さん。

親・子・孫で通ってくださる池田さん

バレエが上手な舞香さん（11）。

ベーカリー「アゴラ」の松本良広さん

いつもおいしいパンを届けてくださる丸亀市のアゴラさん。代表取締役の三舩禎子さんとは長いおつきあいです。「漬け物のサンドイッチ」（66ページ）の食パンもアゴラ製です。

山神正利さん

「田舎そば川原」のイベント部長として店を盛り上げてくださっている山神さん。大工仕事もお願いしています。

長野正さん

元営業マンのたっちゃん。定年後、日本みつばちの養蜂、薪・材木を扱うなどの里山仕事を楽しんでいます。

合田登美子さん

「田舎そば川原」のポスターの絵や文字を描いてくださっています。本業は美容院を経営する美容師さんです。

「まこも塩」など、うちの商品のパッケージの絵も。

野田正信さん

地元の農家の野田さん。この日はミニトマト、さやえんどうをいただきました。

黒田啓子さん

いつもすてきなエプロンを作っていただいています。

横山末男さん

この本の「淡竹の煮つけ」(62〜65ページ)の淡竹は横山さんが育てたものです。

大畑正博さん

地元の農家さん。「田舎そば川原」が作る薬草茶は大畑さんの畑から。今回は三度豆、つるなし豆を届けてくださいました。

岩倉節夫さん

まこもだけ生産者で、町のために頑張っている、まんのう町地域振興研究会の会長さん。

このほか、高尾昭弘さん、平井義照さんなどたくさんの方にお世話になっています。店のスタッフさん、取引先の方、動画制作チーム、お客様も、いつもありがとうございます。

町の特産・まこもだけから、私はまこも塩を作っています。

次男が山で採ったさるのこしかけとさいわいだけ。こんなに立派なものはなかなかありません。

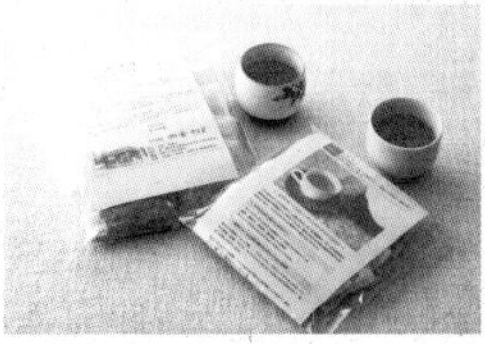

まんのう町の自然の恵みにも感謝。地元の薬草を干したお茶は店でも人気です。

おわりに

「田舎そば川原」の看板の前で。これからもずっと。

なぜ私が、食材を心から大切なものと思い、料理を一生の宝物にしているのか。その理由は私の生い立ちにあります。私の人生は波乱の連続でした。

父は、香川県下でも有数の宮大工でした。頭がよく、ハンサムで、おしゃれだったと聞きます。しかし、両親の折り合いは悪く、私が2歳のときに離婚。母は私を連れて家を出て、再婚しました。

再婚先の家庭には子どもがおり、新しい父と母との間に次々に子どもも生まれ、私は血筋が異なる家での人間関係に苦労しました。

家は経済的にも困窮していきました。家族の暮らしが私の肩にかかり、農繁期や家の都合でろくに学校に通えない時期がありました。小学校高学年のころのこと。私が背中に小さい子を1人おぶって、もう1人の世話をしながら牛小屋で勉強していると、同級生が給食のパンを届けてくれました。私は姿を見られるのが恥ずかしく、隅に隠れました。それはつらい思い出と

季節の草花も
咲いています。

50歳ごろ習っていた舞踊（日本新舞踊の入江流右興会）に、つらい時をのり切る力をもらいました。

公道から店に入る道。

して心に残っています。

結婚後も、自分の子どもを育てながら弟妹の面倒も見て、私の苦労は長く続きました。

大家族の食事を整えるため、限られた中でいかに節約して食卓を整えるかを考えていた日々。食材を無駄なく生かそうとする私の料理法はこのような経験から生まれたのです。

昭和に生まれ、平成、令和と生かされてきた私は今、私の苦労をずっと見守り、励ましてくださっていた近隣の方々、また新しく出会った方たち、常連のお客様、また遠くから来られるお客様たちに支えられ、忙しいながらも、毎日幸せな日々を送っています。

これからも健康なうちはできるだけ長く、「田舎そば川原」を続け、動画配信もして皆さまのお役に立ちたいと思っています。

これからもどうぞよろしくお願いいたします。

川原恵美子

川原恵美子（かわはら　えみこ）
1946年、香川県生まれ。香川県・琴平町近く、まんのう町でそば店を17年ほど前から営んでいるが、生食マッシュルーム考案者の経歴を持ち、合理的で簡単な料理研究を約50年続けている。独自の料理術を若い世代にも伝えたいと2020年から始めたYouTube「田舎そば川原」は、旬の野菜を生かしておいしい漬物やおかずを家庭で作れると人気。大注目のきっかけとなった「そうめん ゆでるな！」、2021年６月19日配信「そうめんのゆで方（くっつかない・固まらぬ）」は再生回数700万回（2023年７月13日現在）。2021年９月、テレビでも紹介され、ブレイク。現在も地元で暮らし、そば店を経営しながら毎週新しいレシピを発信している。著書は『「田舎そば川原」恵美子さんの料理帖』（2022年１月　KADOKAWA）、『ひとつひとつ、たいせつに。』（2022年４月　SBクリエイティブ）。

「田舎《いなか》そば川原《かわはら》」恵美子《えみこ》さんの整《ととの》う常備菜《じょうびさい》

2023年９月４日　初版発行

著者／川原《かわはら》 恵美子《えみこ》

発行者／山下 直久

発行／株式会社KADOKAWA
〒102-8177　東京都千代田区富士見2-13-3
電話 0570-002-301（ナビダイヤル）

印刷所／凸版印刷株式会社

製本所／凸版印刷株式会社

●お問い合わせ
https://www.kadokawa.co.jp/（「お問い合わせ」へお進みください）
※内容によっては、お答えできない場合があります。
※サポートは日本国内のみとさせていただきます。
※Japanese text only

定価はカバーに表示してあります。

ISBN 978-4-04-606446-2　C0077